陈子昂传

曲　辰◎著

辽海出版社

图书在版编目(CIP)数据

陈子昂传/曲辰著.—沈阳:辽海出版社,1998.4
(2018.3 重印)
ISBN 978-7-80638-705-4

Ⅰ.陈… Ⅱ.曲… Ⅲ.陈子昂(661~702)—传记
Ⅳ.K825.6

中国版本图书馆 CIP 数据核字(1998)第 01982 号

陈子昂传

责任编辑 丁 凡
责任校对 陈龙翠
开　　本 155mm×230mm 1/16
字　　数 170 千字
印　　张 14.5
版　　次 2018 年 3 月第 2 版
印　　次 2018 年 3 月第 1 次印刷

出　　版 辽海出版社
印　　刷 天津兴湘印务有限公司

ISBN 978-7-80638-705-4 定价:38.00 元

目　录

总　序

精神产品永不磨灭，在历史上曾产生过巨大影响的精神产品更是如此。它们如同日月光耀长空，如同江河万古奔流，将与人类的存在长相终始。在精神产品中，最易流传且对后世影响最大的当数文学作品。

但是，创作这些不朽作品的作家却被沉沉的历史尘埃所遮掩，他们真实的生活面貌和精神风采已经模糊不清，他们似乎离我们很远很远，与我们有很大的距离与隔膜。这对于深刻理解和真正领会他们的作品是极大的障碍。

无论多么伟大的文学家都是人，不是神。在他们的生活中，与我们有许多相似的经历与情感，有许多相似的苦辣与酸甜，甚或遭遇过同样的坎坷与挫折，受到过同样的磨难与熬煎。其实，他们离我们并不遥远，仿佛就生活在我们中间。只有拂去沉沉的历史尘埃，使读者能够走近他们，共同感受其喜怒哀乐，才能消除隔阂，交流情感，这就是我们设计这套选题的初衷。

为达此目的，我们拟遴选出在中国文学史上有影响的若干著名文学家，以他们为对象，出版一套文学传记丛书。要求作者把严谨的学术研究和生动的文学创作结合起来，在对传主生平事迹进行坚实考证的基础上再进行文学性创作。要写成既有学术性又有可读性的文学传记，既要避免繁琐考据似的枯燥无味的笔法，又要避免不负责任的胡编乱造。允许作者在准确把握史料，准确把握传主生平和性格特征的基础上，对一些生活细节进行合乎情理的虚构，要在广阔生动的历史背景下展现传主的生活面貌和精神风采，使古人活起来，使他们走进我们的世界，成为我们的知心朋友，而不再是高不可攀的神化了的人物。王安石在《杜甫画像》诗中说“推公之心古亦少，愿起公死从之游”，就是把三百多年前的杜甫作为知心朋友，愿意其能起死回生而与之相交往的。只有找到这种感觉，才算读懂了古人的作品，才算真正理解了古人。

为达此目的，我们邀请了在高等学校从教多年，有很坚实的学术功底又有相当写作经验的教授、副教授来担当作者，这就保证了本丛书的学术品位和质量。

然而，本丛书属于文学传记，创作的成分相当大，书又成于众人之手，难免千人千面千口千腔，呈现出不同的创作风格。这是在意料之中的，是允许的，读者诸君也是可以理解的。

但愿这套丛书中的传主能够像我们的愿望那样，从历史的尘埃中站起来，从遥远的古代向我们走来，走进我们的生活之中，成为我们的知心朋友。

诚恳希望读者和广大学界同仁能够喜欢此书，并给我们批评指导。

于金兰

1998 年元旦

前　言

陈子昂（661—702 年），字伯玉，是唐代诗歌发展过程中一个关键的人物。他不仅是一个杰出的诗人，同时也是一个具有卓越见识的政治活动家。他往往能从较为广阔的背景上考虑当时朝廷的问题，根据他所熟悉的儒家仁政理想，提出具体的解决办法。因此，他的诗歌创作便具有了较为充实的现实内容，他的一些文章也相当多地接触到了当时社会生活问题。从总体上来说，陈子昂的人格和他的文学活动基本上是统一的。

陈子昂祖先是地方豪强，有的在南北朝时做过州郡长吏。这是因为朝廷当时对梓州这样的地方鞭长莫及，只能通过任用地方豪强的办法以求安靖。子昂之父元敬，虽早年以明经擢第，但并没有出去做官，而是隐于射洪武东山，读书求道。由于他为人豪侠慷慨，四方豪杰，望风景附，州将县长，时惑陈议，于是他便居家学神仙之术。这样的家庭，对陈子昂的性格影响很大。他 18 岁以前，任侠游弋，18 岁折节读书，数年间阅读了经史百家之书，受儒家思想影响极深。

陈子昂对于政治有极高的热情，好三皇五帝霸王之经，虽在僻远之地，但有愿朝廷。他 24 岁在洛阳中了进士，未授官以前就上书谏唐高宗灵驾西迁，任麟台正字以后直到 39 岁辞官归家，中间做过卫率府胄曹参军、右拾遗，随军到过西北、东北边塞。无论在哪里，他都对当时的政治问题提出过意见和建议。

陈子昂对政治的意见总的说，是从儒家的王道仁政的理想出发，贯穿着“安人”、“保和”的基本要求。表现在具体的政治建议中，是息兵和措刑二项，他谈得最多，也谈得较为详细。陈子昂谈息兵和措刑，有两个特点。一是同广大人民群众的生活状况并进而同整个国家的状况相联系；二是同当时的政治举措相关联，有的放矢。因而，陈子昂关于息兵和措刑的要求，具有较强的现实针对性。正因为陈子昂的政治建议中一方面贯穿儒家的仁政思想，另一方面又都针对现实政治状况，所以他的意见虽然一般地讲较为正确，却不被采纳。他屡次上书，都是书入不报，证明了他的迂阔。

对陈子昂的政治主张如何评价，以往前人的说法有两种倾向。一种是从正统观念出发，纠缠陈子昂是不是武则天党羽，对武则天是不是媚附；一种是仅从主张上的词句着眼，对政治建议中涉及元元和要求息兵、措刑，就说是人道主义，说是反对武则天的强暴。两种说法都有不妥之处。

陈子昂是不是武则天党羽，并不重要，重要的是他的主张是不是有现实意义。从这点上说，我们对陈子昂的政治言论应给予肯定。但我们肯定陈子昂的政治言论，并不能空洞地扣上人道主义和反强暴的帽子，应该指出这种思想的根源、动机。从这点上说，陈子昂的政治言论是儒家思想的具体化，其动机是巩固当时的武周朝廷。他的思想并不是人道主义的东西，他也并不是反对武则天，而是从儒家思想出发规劝武则天。正因为如此，所以陈子昂的政治活动和言论具有两面性，有值得肯定的地方。但这种肯定有限度、有时代和传统文化的特点。也正是由于这样，所以陈子昂在从政的十五六年里，他的政治遭遇颇有意思。一方面，武则天经常要他提出政治建议，因为武则天要知道下面的情况，她也不能脱离时代和传统；另一方面，陈子昂的意见又不被重视和采纳，因为这些意见很迂阔，和武则天的政治追求以及所要解决的现实问题离得太远了。

我们今天看待陈子昂的政治活动、言论以及他的遭遇，应把握历史主义的原则，把问题放到当时的条件下加以认识。只有如此，认识才能稍微清楚一些。

陈子昂像一切旧时代的士人一样，经历了一个怀抱满腔政治热情，积极参与政治，然而屡屡碰壁，理想无法实现，最后终于气丧志沮，向往归隐或求仙，息影山林的过程。他走了一个中国士大夫走了几千年也没有走出来的迷局。而且，就他个人来说，他比其他的士人更为不幸。他入过一次狱，呆了一年多时间才被放出来；归隐林下以后，又被县令勒索陷害，终于死在狱中。他似乎在怪圈中比其他人更不幸，他经历了一个真正的悲剧。这个现实是中国文化史上非常值得深入研究的课题，不过这里不去说它了。

至于陈子昂在诗文中屡屡表示的归隐和求仙思想，我想退隐意思的产生同其他士大夫没什么大的差别，求仙则与家庭传统相关，不加细说了。我们要多说几句的，是他的死。陈子昂之死，卢藏用《陈氏别传》只说县令段简知其富，欲勒索而陷害，《新唐书》本传从《别传》而易其文，赵儋《旌德碑》竟不及段简事，只有沈亚之在《上九江郑使君书》中透露了一些消息，说陈子昂被武三思指令桑梓之宰拉辱至死。我以为沈亚之的说法值得重视。武三思是武则天的侄子，在武则天代唐立周的数十年间气焰熏天，干了很多陷害忠良的事情，人所熟知，不必征引。沈亚之曾任秘书省正字，职务与陈子昂相同，对于前辈之事，当相当熟悉，所说必有根据。那为什么作为陈子昂朋友的卢藏用，为陈子昂作《别传》却不提这一节呢？卢为人颇有可议，先隐终南，后入朝，以隐为做官的捷径，受人讥笑。入朝后，专事权贵，奢靡淫纵，是个人品不高的人。他为陈子昂作《别传》时，正是武氏横行的时候。卢与陈是好朋友，卢可能知道陈致死的真正原因，但他未必敢写。这个推断，虽不中，不远矣。若如此，则陈子昂的政治活动就颇令人深思了。我们至少可得两方面的认识。从陈子昂方面说，他动机为了武周王朝，但却全讲大道理，对实际政治并不了解，迂阔至极，所以他虽很积极，也渴望被重视，却终于毫无结果，并在政治激流中被暗流冲倒了。从武三思方面说，他根本就不管你想什么，他只想排除异己，结党营私。他对上面就是奉迎以取信，对下就是恣意以行威，是典型中国政治的产儿。以往的漫长历史时期，实际的政治状况就是如此。

陈子昂一生的事业和成就，并不在他所热衷的政治上，而在他的诗歌创作和文学思想上。

初唐的文学特别是散文和诗歌领域，还是齐梁以来的绮靡之风比较盛，就是在诗歌创作上相当有成就的“四杰”，也仍然不脱齐梁之体。真正扫除六朝习气，开辟了唐诗创作新局面的人物，就是陈子昂。这一点，后人看得很清楚。卢藏用在《陈伯玉文集序》中说陈子昂“崛起江汉，虎视函夏，卓立千古，横制颓波，天下翕然，质文一变”；《新唐书·本传》说：“唐兴，文章承徐庾遗风，天下祖尚，子昂始变雅正。初为《感遇诗》三十八章，王适曰：‘是必为海内文宗。’乃请交。子昂所论著，当世以为法。”刘后村说：“唐初王、杨、沈、宋擅名，然不脱齐梁之体。独陈拾遗首唱高雅冲淡之音，一扫六代纤弱，趋于黄初、建安矣。”（《后村诗话》）后来明清以及近代之人，无不如此评价。

陈子昂的文学主张，见于《修竹篇序》，他说：

文章道弊五百年矣，汉魏风骨，晋宋莫传，然而文献有可征者。仆尝暇时观齐梁间诗，彩丽竞繁而兴寄都绝。每以永叹，窃思古人，常恐逶迤颓靡，风雅不作，以耿耿也。一昨于解三处见明公《咏孤桐篇》，骨气端翔，音情顿挫，光英朗练，有金石声。遂用洗心饰视，发挥幽郁。不图正始之音，复睹于兹，可使建安作者相视而笑。解君云：张茂先、何敬祖，东方生与其比肩，仆亦以为知言也。故感叹雅制，作《修竹诗》一篇。当有知音以传示之。

这篇短文的中心是反齐梁，复汉魏。陈子昂鼓励和称许东方虬这样做，他自己更是如此努力的。

齐梁诗歌确实在内容和形式方面有些问题。在内容上，齐梁诗歌的贫乏和狭窄，相当突出。白居易说："率不过嘲风雪、弄花草而已"（《与元九书》），确是实际情况。在形式上，这时的诗对于辞藻和声律过分追求，同时由于内容的制约，对于刻饰佻巧也是加意寻觅。这样，在总的格调上就非常的柔弱。正是针对这种情况，陈子昂提出复汉魏的要求。复汉魏并不是要模仿汉魏，而是要恢复汉魏时诗歌有为而作，从而在内容上使诗歌更好地与现实和生活相联系，更好地表达人们格调高尚真切的情感。因此陈子昂的复汉魏要求，实际上是学习汉魏精神对诗歌加以革新的主张，是推动诗歌健康发展的主张。

陈子昂的革新主张，现实针对性极其明显。唐代是中国强盛，经济文化都空前发展的时代。陈子昂生活的时期，贞观之治刚刚过去，强大的唐帝国如日中天。唐太宗时期的轻徭薄赋使社会经济迅速发展。科举制度的最终确立，使大批中小地主进入政治活动领域。这使当时人民生活获得很大的改善，同时给地主阶级展示了美好的前景。人们精神振奋，胸襟阔大。但是，这一时期的诗歌创作却仍然沿袭六朝之风，文学领域里，六朝的传统还相当强大。这种文风、诗风显然不能使人们满意。因为六朝的传统不能引导人们去表现时代和抒发情感，只能使人们陷入无聊的吟唱，去表现人们情感中较为琐屑和格调不高的一些东西。正是在这种情况下，陈子昂首先站了出来，呼吁诗歌要关注现实，要有兴寄，要抒发由现实激起的情感。所以我们说，陈子昂是一个诗歌革新的先驱者，是诗界革新的旗手。他的主张是革新的主张，他的主张是针对现实的主张。

陈子昂的诗歌创作，是他理论的实践。《蓟丘览古赠卢居士藏用》七首、《登幽州台歌》、《感遇诗》三十八首等作品是他的诗歌中具有代表性的作品。这些作品，概括地说，都是有为而发，是由现实激发出来的。诗中关注的，不再是花草风月，不再是美人歌舞；诗中所抒发的，不再是无聊的格调低下的情感，不再是无聊琐屑的情感；诗中所写的，是历史和现实的交汇，是关注现实而产生的深刻的思索与感慨，是一种以天下为己任而不得机会实现的苦闷与压抑。我们不是说，诗只能写现实的东西，不能写个人的感受，其实诗中所表现的大多是个人的感受。我们只是说，诗写的感受不能是琐屑的低下的感受，个人的感受应与现实、历史相关，情感要向上健康。陈子昂的诗所以值得称赞，就因为有寄托，感受真切，不是一种感官满足的追求，而是一种精神上的追求。

陈子昂诗歌创作的艺术特点，是能够屏弃华丽的辞藻，有意识地不用骈偶的文句，这是他反对齐梁诗风在艺术方面的努力。我们读《登幽州台歌》、《感遇诗》、《蓟丘览古赠卢居士藏用》等诗篇，首先感受到的是那种悲凉苍茫的气氛，然后又感受到历史和现实交融的深沉和广阔，感受到诗人超越往古和现实的胸襟，看到了诗人动人的形象。这些诗，没有细腻的描绘，没有那种经过精雕细刻而选择的辞藻，没有整齐骈偶的文字。我们看到的是，大跨度的汇融交错，朴素简练的语言，粗线条的勾勒，恰切表达深沉情感的文字。这些诗，把诗人的内在精神与外在的现实的特征作了极好的综合表现，具有强大的感染力量。

不过，陈子昂的诗存在着弱点，这也应该指出。总起来说，形象不够丰满，语言不够生动，议论较多，这与阮籍的《咏怀》诗差不多。我们知道，陈子昂有意矫枉，未免过正，所以他还不肯作七言诗。七言诗在汉代已经出现，这种诗体是较为通俗的形式，常被六朝一些诗人轻视。陈子昂也不肯作七言诗，说明他对诗歌的通俗形式认识不足。这是他诗歌创作上和文学见解上的弱点，妨碍了他艺术成就的提高。

陈子昂不但诗歌代表了健康的方向，而且散文也作得很好，在当时就蜚声于世，并且成为了后来唐代古文运动的先驱。《陈氏别传》说他的文章有司马相如和扬雄的风骨，说他第一篇奏疏《谏灵驾入京书》就轰动了洛阳市朝，不但连市肆间巷吟讽相属，甚至于转相货鬻，飞驰远迩。可见他的文章在当时产生的效果非同一般。

重要的是，陈子昂的文章像诗歌一样，是唐代文风转变的先声，是革新六朝文风的实践，从而使陈子昂成为了唐代文学风气的开创者。他的文学活动是全面的具有革命性的。《新唐书·本传》说他的文章当世以为法，他始变雅正，革除了徐庾之余风；唐代的李华也称陈子昂的文章文体最正；李舟为独孤及的文集作序，称陈子昂溯颓波，趣清源，自此以后，作者稍稍而出；梁肃则称陈子昂以风雅革浮侈。这些称颂，不是无缘无故的，证明了陈子昂的散文在唐代也是有革新意义的。

当然，正如一切初兴之事一样，由于脱胎于传统，不能不带有旧物一点痕迹。陈子昂的散文，尚有六朝和初唐时的余味，这同诗歌的情况是相同的。但我们必须看到，举世皆浊的时候，举世皆沉溺于旧习旧规的时候，独标高格的艰难。这需要勇气，也需要魄力和才能，陈子昂所作，证明他具有高卓的见识、雄大的魄力和高逸的才华。

陈子昂在文学领域的主张和成就，代表了或者说开辟了唐代文学发展的健康方向，产生了极其重大而显著的影响。在散文方面，后来的萧颖士、李华、独孤及、梁肃甚至韩愈，都沿着陈子昂开辟的道路前进。韩愈说国朝盛文章，子昂始高蹈，是完全正确的。诗歌方面，李白、杜甫、白居易等，都接受了陈子昂的主张，并向他学习，作出了自己的努力。唐代文学的兴盛发展和取得的巨大成就，固然有众多人的努力和其他许多条件，但陈子昂的廓清六朝文风，开辟前进之路的功绩，决不能低估。沿已有道路往前走的人，应该比开路的人走得更远；开辟道路的人，确实比走路的人更艰难更值得称颂。

正是由于陈子昂在文学史上的伟大功绩和他坎坷的遭遇，激起了我们为他做个文学传记的兴趣，所以有了这本小书。我们于书中力求在尊重史实的基础上，将陈子昂写得活一些，生动一些，使读者读了这本传记，对陈子昂有个形象性的印象，对他的了解更深一些，对他的行为更理解一些，从而使读者对当时的社会状况以及统治阶级内部的政治活动有一个较为具体的感受。我们的愿望不能说很高，但也不低。这个愿望还是正常的，应该的。然而，愿望是愿望，能不能实现这个愿望，则是另一回事。我们努力了，这是我们向读者可以交待的；其他的，就有待读者的评议了。我们作得肯定有不十分恰切的地方，愿读者把有益的帮助和批评送给我们。

曲　辰

1997 年 6 月

一　山中宅院

现今四川省南充地区射洪县，在唐代初期是梓州所辖的一个县。地当巴山与成都平原相邻地区，嘉陵江的支流涪江由县的东部通过。本县所辖四境之内，有很多丘陵和山地，山上树木茂密。涪江流过的地方，有较为平坦的土地，种植着无数的竹子和桑柘等树木。射洪县这个小县，虽不能说是天下少有的宝地，至少也是物产丰饶、景色秀丽的好地方。

唐代初期著名的诗人陈子昂的家，就在射洪县的武东山上。武东山是射洪县一处景色幽深的所在。山不甚高，但漫山遍野是长林茂草，松柏楠竹交相互生，山风吹过，作海涛般轰鸣。山下一条直通涪江的溪水，清澈可以见底，终年流淌不绝，两岸山花春夏时盛开，芳香袭人。就在武东山南面山脚下，溪水之旁，有一处大宅院。这个大宅院，就是陈子昂的家。

陈子昂家的位置极好。由溪水向北，是一个宽广的小平坝，方圆大约有数百亩，东西两边是不太高的山峰。平坝的北部尽头处，就是一个如屏风一样耸立的山峰，陈家的宅子就在北边山峰的下面。

陈家的庭院布局整齐，十分壮观。中间是三进的正宅，东西是两个大跨院。三个宅子联成一体，周遭是一圈高达一丈二尺的石头围墙。

三进正宅的正中，是大门，三开间的门楼，东西各一间配房。大门是朱漆的，门扇对开。每扇上钉有七七四十九个闪亮的铜钉，还钉着一个硕大的兽环。大门台阶高五层，用花岗岩凿的条石砌成。大门两旁是一对硕大而又栩栩如生的石狮子，石狮的旁边是上马石。

进了大门，迎面是一个照壁。转过照壁，是一个方形的院子，正中铺着石甬路，通到二进的花厅。花厅的三层台阶上砌花栏。院子东西各是五间厢房。大花厅的门窗都是用楠木雕镂而成，漆成红色。进了花厅大门，则是一个厅堂，正中一架八折屏风，上画山水云鹤。屏风前排着三座胡床，两边还列有小些的胡床八架。花厅的东边是一间书室，西边也是一间书室。

转过花厅，是一个北向的门。走下台阶，不远处一道砖砌矮墙，正中一个七尺宽的门。门成双扇，朱红色，上嵌门环。这个门的后边便是内宅了。

内宅一溜五间，各自开门，正中一间是家人活动的地方。房前回廊，从东西两侧通向后边。内宅的后面又是一道墙，砖砌，高九尺。东边一个门，通向后边的花园。

花园面积甚大，约有十亩左右，园中亭阁俱全。在东北角上有一个很大的池子，池中有一座假山，池上有九曲长桥。园中花木扶疏，经过精心整理和修剪。

整个宅院的四角，有四座角楼。东跨院是用来安顿客人的，房屋不少，与正宅有便门相通。西跨院是仓房和养马喂牛的地方，仆人也住在那里。至于贴身的小厮、婢女，不用说，是住在正宅内院的厢房里了，为了便于随时使唤。

陈家何以能有如此这样大的一个庄院，且又这么排场呢？要知道为什么，那得从陈子昂的祖先说起了。

二　祖先素描

陈子昂的六世祖名叫陈太乐，先居于新城郡（即后来的梓州梓潼郡，天宝元年更名，即今四川省梓潼县）。在南北朝南朝的齐时，兄弟都是一方有名的豪杰。那时的豪杰，就是说有些钱财，有些势力。齐朝廷对这样的大户兼地方豪杰没什么办法，鞭长不及马腹，只好听他们横行乡里。

齐朝短命，不长时间就完蛋了。萧衍发动了政变，立了梁。萧衍上台以后，同齐朝一样，对新城郡这样的地方，他不能不依靠当地的豪族，于是就任命陈太乐为新城郡的司马。郡的司马就是郡太守的副手，管理士兵及缉拿盗贼之类的事情。这个职位自晋以来，都需要由在地方上有些势力的家族才能担任，否则你就难以把地方搞好。

陈太乐生了陈子昂的五世祖陈方庆。陈方庆虽生长在豪杰之家，但却不太喜欢出去招摇，反而热衷于学道。后来，陈方庆得到了墨子五行秘书、白虎七变法等关于成仙变化的书籍，便想找个清静的地方专心学道，于是便寻到了郡中的武东山，在一处山前的平坝上买了地，筑室而居。从此，陈子昂的家族就住在了我们上文说过的那个地方。

陈方庆虽说热衷学道，但他还是娶了老婆。他生下了陈子昂的高祖陈汤。陈汤不像他爸爸，不热衷学道，反而热心于在外面活动，于是又恢复了陈太乐的传统，任了新城郡的主簿。也许是陈汤看他爸爸学道没什么效验，所以才弃道入俗。陈汤虽然做了郡主簿，但家并没有离开武东山。主簿这个官在郡里是协助太守管理钱粮财物的，也是一个很重要的职务。

陈汤生了陈子昂的曾祖陈通，陈通活的时间不长，就是史书上说的“早卒”。但陈通却是有儿子的，他的早卒，大概也在弱冠之年以后。

陈通留下了儿子，就是陈子昂的祖父陈辩。陈辩继承家族传统，在新城郡还是豪杰。陈辩生当隋末，在那个动荡的时代，大概是一个很有些魄力的人物，也是很有些号召力的人物，否则怎么能成为郡中的豪杰呢？

陈辩生了儿子陈元敬，就是陈子昂的父亲。据陈子昂自己说，他父亲长得相貌非凡，是“河目海口，燕颔虎头”。河目是说眼睛细长，海口是说嘴大而又四方，燕颔虎头则是说面貌有威严，有贵相。班超据说就是燕颔虎头。陈元敬长相威猛，性格也非常豪爽，非常喜爱读书，群书秘学，无所不览。因此在他弱冠之时，就为州闾所推服，无论是老年人还是小孩子，见到陈元敬就像见到了尊贵的客人一样。

陈元敬性格爽朗，急公好义。有一年，梓州梓潼郡荒年饥馑，远近村间有不少饥民。陈元敬一看这种情况，就主动拿出自家的粮食，令人分发给前来求助的饥民。他这一搞，远近都知道了，饥民扶老携幼，络绎而来。陈元敬就命打开西跨院的谷仓，大家排成队，按人发放。没有几天，就把存留的粮食发掉了一大半。

陈元敬的举动在当时可算是豪举。说实在的，官府也未必如此呀！老幼男女都把陈元敬看成是救命的恩人，看成大英雄、大好人，见了他都要给他行礼致敬。

因为陈元敬急公好义，且有济人之举，所以乡里人们都非常信任他。乡里村人之间免不了会有些争讼，以前往往要经官动府。但衙门口朝南开，有理无钱莫进来。有理的经官动府，如果没有钱，就变成没理的了；没理的有钱，就变成有理的了。那个时候，有钱就有理，没钱就没理。对于这种状态，陈元敬有些看不下去，他不免动了好义之心，经常关心过问一些乡里的事。这下可好了，一个能散财助众人过难关的人本来就让人佩服，又关心乡里，那他还清闲得了？于是，乡里人闹事，不找官府，径自就找陈元敬来了。他们宁肯听陈公的一言，也不愿再受官府那些贪官污吏的气。

就在散粮的那年春天，发生了两家因地界而起的争端。这个争端本来很平常，但两家一到官府，由于讼棍胥吏的上下其手，弄得好长时间解决不了，两家都破费了不少的钱财。后来两家一看，长此下去，事情也解决不了，不知还得多少钱，就决定请陈元敬为他们评评理。

事情原来是这样的。武东山东边，有一处沿河的耕地，大约三十亩左右。这块地南部十七八亩大小是李姓人家的，北部约十二三亩是张姓人家的。这一年，张姓人家耕地稍早几天，春草尚未放绿，就驾牛拖犁，开始破垄了。不知为什么，张姓人耕地，将李姓人家的一条垄给破了，这样一来，张姓人就多占了李姓人的半条垄。李姓人当然不干，于是上县衙门告状，经官动府。但破费了钱财，案子并没有解决。眼看播种在即，于是两姓找到了陈子昂的父亲陈元敬。

陈元敬让人将张姓、李姓二人请到花厅，分东西坐好，仆人送上了香茶。陈元敬看着二人，呵呵一笑，说："二位高邻，你们看得起我陈元敬，那我就作一回和事佬吧！古人云：千金卜宅，万金卜邻。大家共处一乡，历经厄难，乃今日因一垄小事而反目，旷日糜财，生心寻气，不如因此而和解了吧!”张、李二人见陈元敬如此说，你看看我，我看看你，都觉得在理，但一时又不知说什么好，不觉就脸红了。陈元敬何等样人，一见此情景，立即拱手向二人又呵呵一笑，说：“二位高邻，我看大家都不想争执下去了，咱们就此打住。但事情吗，总得有个交待。我僭分先说一说，有什么不妥之处，咱们再商议，如何?”张李二人见陈元敬如此说，齐声道：“但凭明公做主。”

陈元敬端起茶杯，轻轻啜上一口，开口道：“若说此事，张家兄弟确有不足的地方，该当赔礼认错；李家兄弟当初虽有理，然经官动府，而不得解决，现今不必再加深究了。”他说到这里，看看张、李二人。只见张姓人脸上微红，头微微低垂；李姓人倒没什么，只是点头。于是他又说：“依我说，张家兄弟向李家兄弟赔个礼，李家兄弟就不要再争了。今天由我做东，二位就在这里喝杯交好酒吧!”

张姓人自知理亏，往时在官府以为用几个钱就蒙过去算了，不想李家人也用钱，务必要给他治罪，他早就后悔不迭，今见陈元敬如此评断，正是他求之不得的。于是张姓人立即站了起来，走到李姓人面前，深施一礼，说：“李大哥，此事是我不对，尚望给我个面子，容我改过，今后永不再会发生此类情形了。”

李姓人当时是出于气愤，想惩治张家一下，所以告官。但时日一长，见官府只知要钱，又同张家搞得水火不容，也想息事宁人。这时见张姓人赔罪，于是就站起一拱手说：“张兄弟，此事我也有些急躁，事情过去就算了，但愿你我二人以此为戒，日后好好相处才是。”

你赔礼，我不争，事情就算办得圆满。陈元敬哈哈大笑，对二人说：“远亲不如近邻，缓急之间，还得互相救助才是。往后要各守本分，息事宁人，庶几此乡和乐平安。”张李二人听了直点头。二人站起想走，陈元敬说：“难得二位一同到此，咱们共饮三杯。”于是吩咐下去。不一时，酒菜整治齐备，陈元敬邀张、李二人入座，三人开怀畅饮，尽欢而散。

自此以后，陈元敬急公好义，更是远近尽知。人们简直就把他敬为神仙一样。

三　令人惊喜的出生

陈元敬好道修身，直至三十多岁，尚未有子息。虽正当壮年，但膝下无儿，心中不免时时想起，有些着急，

元敬夫人知书达礼，温润贤惠，见丈夫如此，亦不免有些着急。于是便愈加对元敬体贴入微。元敬虽颇好道术，但终是诗礼传家，觉得无论如何总得给陈家留下一个苗苗，因此也就时常入内与夫人盘桓。

也是上天有眼，大唐显庆五年（660 年）的腊月，陈家正在准备过年的时候，元敬夫人悄悄告诉元庆，她已经“有了”。元敬又惊又喜。自此，对夫人是爱护有加，命婢女仆人小心侍候，就连过节的祭祀活动都不过多劳动夫人，而由元敬亲自过问调度。

转过年来就是春天，元敬时时命婢女服侍夫人在后花园行走，既不劳顿，又得以欣赏美景，夫人心情十分愉快。

日月如梭，时光易过。转眼之间，夏日已去，秋天来临。夫人身子一天比一天重，临盆的日子近了。元敬这时亲自安排请产婆接医士，准备为夫人接产安顿。

大唐龙朔元年（661 年）九月的一天，位于梓州武东山南的陈家大宅里情形异常。往日敞开的大门如今紧闭，往日喧闹的二

进院里静寂无哗，只有内宅中不时传出杂乱的脚步声，其间伴着三两声女人无力而痛楚的呻吟声。

陈元敬在花厅上，坐也坐不稳，站也站不牢，端起茶杯又放下，平日修行的那股镇静功夫，现在已不见了。两个年轻的小厮垂手屏息站在花厅门口，不时偷眼瞧瞧家主人。他们知道，夫人今日就要临盆了，老爷这是有些焦急。他们在心里祈愿，可千万别出什么岔子。

铜漏的水一滴一滴地往下滴，时光一点一点地流过。忽然花厅的门被一个婢女撞开，婢女一面喘息着，一面说："禀老爷，夫人生了个儿子！"

陈元敬一听，拔步就奔出门外，三步并成两步，急奔内宅。推开内宅的门，他就听见上房中传来一声有力的男孩子的啼叫，这一声啼叫就使陈元敬心神大定。他暗暗地祝祷，上苍有眼，祖宗有灵，不绝我陈氏一脉，不绝我陈氏一脉！这一声啼叫也使陈元敬感到，这个孩子好像是有为而来似的，这啼叫中似乎在呼唤着什么，是的，在呼唤着什么！莫非陈氏门中，该当出什么人物，光大门楣，青史留名，将来会做出惊天地泣鬼神的业迹？

就这样，陈子昂——我们书中的主角，以不平常的一声啼叫降临到人世。他降临人世的第一声啼叫，就好像是一种呼唤，预示着他将担负起沉重的历史重担。

陈子昂的诞生，给武东山南的陈家大院带来了忙碌，也带来了极大的喜悦。相貌威严的陈元敬，面上也露出了难得的笑容。仆童、婢女们忙上忙下，忙里忙外，个个都心里感到兴奋。他们知道，这个孩子的降临，将改变陈家的生活气氛，将使以往威严的空气变得活泼而欢快，他们也好做事了，同时他们也替陈元敬高兴。他们知道陈老爷急公好义，体恤下人，但数年无子，使他愁锁心头，现在这个孩子降生了，老爷的心情就会更舒坦些。

陈家喜生贵子的消息，像风一样吹遍了四乡八村。陈元敬平素声名不错，乡邻们都替他高兴。很多人都作准备，想在孩子满月时到陈家大院贺喜。

时间飞快地流逝，一个月转眼就过去了。陈子昂满月这天，陈家大院热闹极了。

门口站着四个家人，迎接乡邻和那些陈元敬的朋友。大门的横梁上结着红绸，正中院子的大天井里，早就放好了桌子和长条凳子，里里外外，人来人往，一片喜庆忙碌气氛。

陈元敬现时尚未出现，他正在内宅与夫人商议，怎么把孩子抱给大家看。其实这个事早就说了几十遍，只是临到时候，还是要说一说才觉放心。看着安静地躺在床上的儿子，陈元敬和夫人你看看我，我看看你，脸上都掩不住喜色。

将近正午，陈元敬出了内宅，来到了花厅。花厅上已经坐着十多位朋友了。陈元敬一一与大家见礼，告罪简慢，然后请大家到花厅外的桌子旁坐好。陈元敬走到了平台边上，向大院天井中的乡邻拱手道乏，请大家入座。

不多时，酒菜就络绎送了上来。陈元敬虽住在乡间，但他见过大世面，酒席的排场相当不错。乡邻在大天井中就座，那些较有身份的人和朋友就在花厅外的平台上。

仆人斟好了酒，陈元敬举起酒杯，向朋友道谢，然后向乡邻致意，于是酒宴开始。整个陈家正宅一片划拳喝酒与嘈杂的欢快笑语声。

酒过三巡，一个丫环出来在陈元敬耳边说了几句话，陈元敬站起，高声说："诸位亲朋，诸位乡邻，大家隆情高谊，来给我们儿子庆满月，有什么不周之处，请海涵。现在就把犬子带出来，请诸位一见，并向诸位致谢了。"

此时，就见花厅门开处，四个丫环和数名亲朋女眷，簇拥着陈元敬夫人来到花厅外的平台上。陈子昂被包在一床大红的锦被中，由夫人抱着。陈元敬赶紧上前，从夫人手中接过孩子，先平举起来向天井中的乡邻致意，然后抱稳，请平台上的亲朋看视。陈元敬说："犬子起名子昂，表字伯玉，今后还要诸位多加照拂。"众人都说，此子貌相非凡，生在豪富之家，将来定成大器，等等，都是些好话。你想，来贺孩子满月，你能说别的吗？大家看过之后，夫人又把子昂抱入内宅，这花厅外和天井中的酒席就更加热闹了。一时间，杯盘交错，人声鼎沸，倒真是喜庆得很。

陈子昂出世，一个小天才来到了人间，历史注定了要在他柔弱的肩头加上重担。虽然他的第一声啼哭与平常的孩子没什么大差异，但这并不响亮的啼叫似乎正从川中这座并不高峻的山的脚下向远处延伸，这日后真的就成了响彻天宇的惊雷。

风暴就要来了，乌云已在凝聚。

四　博戏生涯

光阴如水，日月如梭。山上的树绿了又黄，黄了又绿，门前的花开了又落，落了又开。就在这白日黑夜的交替中，在阴阳不停的运行中，陈子昂一天天地长大了。

豪富人家的子弟，与一般常人不同。

作为豪富家的子弟，他一出生，便被赋予了过多的照拂，可说予取予求，无不如意。在那个小天地里，他就是那个被众星捧着的月亮。陈家数世豪强，财雄势大，盘踞一方，虽说自陈元敬时，已不在州郡任职，但余威尚在，况且元敬豪侠济众，深得人心，家族的势力和排场还是令人瞩目的。所以，子昂家当时有百十余仆从，数十名使女，还有数百家佃户。这百十仆从和数十使女，其中有相当一部分就是服侍这位小少爷的，保证他的要求得到满足。这样的环境和条件，使得我们这位公子哥对生活的理解极其有限，他养成了颐指气使的习惯。他似乎觉得，他想干什么就可以干什么，这是一种不受限制的权利。

当然，豪富人家的子弟还有另一面。他们一懂事，便被告知将来的任务，即努力保持并尽可能寻找机会使家族势力得到发展，至少要保证家族不至于衰败。所以，我们的这位公子哥，从小被人告知，他将是这个大宅子的主人，他有责任在将来保证陈家在地方上的势力地位。严格地说，对于一个十来岁的孩子，他不可能清楚地理解这种任务的意义，也不知道为此他将会付出什么。但他蒙眬地感到，他的肩上将被放上一副沉重的担子。

人生大抵如此。但对十几岁的陈子昂来说，他对外边的世界了解甚少。他的父亲还健在，他觉得没什么值得他过多地去加以关注，任性使气便成了他少年时生活的大部分内容。

唐高宗麟德以至永隆年间，虽说武则天执掌国权，但社会尚称安定，民生亦未凋敝。当时上层争权颇烈，而下层生活还算可以，非遇克剥之吏与天灾之祸，不说衣食丰足，总可说温饱不虞。人这种东西很怪，中人以下，一旦衣食粗备，就难免逸荡之心，寻欢作乐的本能要求就来了。真能如圣贤那样求进益的，毕竟是少数。所以这部分人非常可贵，只可惜从来也没有人真正地认识并重视他们。要求寻欢作乐，就会有寻欢作乐的方法和场所。射洪小县也不能例外。当时县城中可供年少的公子哥们玩乐的地方，最重要的就是赌坊。

唐时赌坊盛行的是五木之戏，这种博戏亦称为樗蒲。樗蒲起源甚早，具体时间不能详考，但汉人的赋中已写有《樗蒲赋》，可见最少在汉代，这种博戏就已经很为流行了。六朝之时，樗蒲之戏极盛。据《晋书·刘毅传》载，后来的南朝宋开国皇帝刘裕和刘毅等人，就曾在东府聚众大掷，一判至数百万。官僚如此，民间可知，不过赌注未必有那么大罢了。这种五木之戏的玩法大约是这样子的：以木制的骰子五枚，每枚涂上白黑两色，玩时用手掷于台面，如五子俱黑，称为卢，为最胜之采；四子黑则为雉；三子白则为犊。所以玩五木时往往大呼卢或雉，于是有了“呼卢喝雉”一语以形容掷五木时的状况。

陈子昂是年轻的豪富子弟，家居无事，于是“呼卢喝雉”便成他生活中的一部分。他往往带领家人，骑马驰骤，到射洪县城的赌坊去掷上几次，在他看来，这种生活似乎是无忧而快乐的。少年心性，豪富家声，这时的陈子昂可说还是一个耽于逸乐而不知世事的良家子弟。由于陈子昂轻财好侠，不久，便成了周围那些浮浪少年的一个环绕中心，在这批人当中，俨然成了一个小头目。

但事物往往令人难以预料。

当陈子昂18岁那一年，他终于有了一次接触博戏以外活动的机会，而这次短暂的经历终于改变了他的生活。

这一年春天的一个早上，陈子昂像往常一样，带领两个家人陈安、陈才骑上了马，邀集了平素经常玩博戏的几个“朋友”，径往射洪县城而来。

天下各地，尽管春容春色有所不同，但春日的勃勃生机和盎然春意，总是令人赏心悦目的。射洪虽地处丘陵，亦不例外。子昂数人一路骑马行来，望着路边怒放的野花，连绵的绿色，不觉心旷神怡。几个人信马由缰，一边观赏山景，一边纵意高谈，真觉得人生充满了乐趣，而他们似乎就是天地间最幸运的人了。

数人在马上纵谈阔论，不着边际，不知不觉就进了射洪的东门。射洪当时是个小县，城圈不大，总共不过六七里，每面一个城门。城中街道狭小，虽说有各种行业，但都并不特别的兴旺。由于地僻，外人甚少前来，因而它只是一个消费性的人口较为集中的大居民点。虽然如此，它也像其他蜀中州县一样，乡校倒还是有的，而且每年要按规定向朝廷推荐输送一定的生员参加考试。这个好的传统，说来倒是饶有意思的。

汉景帝以前，蜀中并无学校，景帝末，文翁为蜀郡太守，首立学校，招收县中的子弟为学宫子弟，又选送部分人入京师，诣博士受业，并对学宫子弟加以任用，由是人心大化，风俗为之一变。到汉武帝时，就把蜀地的做法向全国推广，天下郡国皆立了学校。因此蜀中办乡校是有悠久传统的。迨至隋唐，因行科举，蜀中的办学传统又被加以强化，所以僻陋的射洪，县学也还是办得有滋有味的。蜀中人爱学文，除了文翁的教化以外，还有另一层原因。汉代蜀中出了两个大文豪，一个是司马相如，一个是扬雄。相如汉景帝时以赀为郎，从梁孝王游，喜辞赋，后在武帝时因狗监杨得意之荐，得侍武帝，曾受命使蜀。他的辞赋，代表了汉代散体大赋的最高成就。扬雄四十游京师，亦以辞赋名动京师，在成帝、哀帝、平帝期间，虽不至大官，但精思深虑，作了《太玄》、《法言》，被人们所称赞。榜样是具有号召力的，这不是诱以官禄的招摇，而是凭自己的出世之才而产生的吸引力。所以蜀人以两大文豪为荣，亦以他们为学习的楷模，因而文风大大的兴盛，读书成了很多人的一种价值追求。

且说子昂等人入了东门，有人说何不拐过一条街，到乡校看看，不知那里有没有什么可观赏的。反正也是闲蹓，于是一行人便拨转马头，奔向了在城东北角上的学宫。

虽说是学宫，但是一点也不起眼，比起在北大街上的县衙门，那可差得太远了。不大的一个黑漆大门，门上的漆已经多有剥落，门前冷落。入得门来，可见一个方二亩许的庭院，院中有几株梅树和松树，靠近西边房子的前边，有一株大杏树。正北一溜不足十间的房子，年久失修，门窗色彩暗淡，大概是讲堂；西边五间偏房，稍微整齐了些，那就是学宫老师住的地方了。

众人在大门口下马，入到门内。子昂四下打量了一番，然后举步走近了讲堂。讲堂里正在开讲，讲的是孔子的《论语》。子昂侧身一看，讲堂约有三间屋那么大，稀稀落落地摆着二十几张各色各样的桌子，桌子后面坐着学生，一个个青衣束发，拿着书正在朗朗而读："学而时习之，不亦说乎！""质胜文则野，文胜质则史，文质彬彬，然后君子。""诗可以兴、可以观、可以群、可以怨，迩之事父，远之事君，多识于鸟兽草木之名。”……那个学宫老师站在前面，一手捋着颏下的胡须，一手拿着书，正在点着头，好像品尝什么滋味似的。

朗朗的书声，专注的神情，似乎拨动了陈子昂心中的琴弦，令他若有所悟。

子昂虽游荡博戏，但毕竟是豪家之后。祖上没做过大官，但也在地方上多任职事，就是他父亲陈元敬，一心向道，炼药养生，也曾被贡应明经举，曾被朝廷授予了文林郎的资阶。认真说起来，他与仕途有相当的渊源。这时他在乡校见了这一幕，也许在心灵深处激活了他的闯天下之心。不过，他当时并没有多说什么，他需要仔细地想一想。

站了片刻，子昂与众人离开了讲堂，转到了那棵大杏树的下面。子昂不禁想起了与杏树有关的杏坛的故事。这故事是说，孔子在鲁讲学时，是在杏树的底下，因此后来把讲学之所称为杏坛。是啊，孔子，一代圣人，“圣之时者也”，一生席不暇暖，奔走列国，欲行其道，虽其道不得行，但授徒三千，贤人七十有二，留下了可为万世效法的东西，自己生当太平世，亦该有所作为，显亲扬名。大丈夫在世，应追求不朽，立功立言，古有明训，怎可混迹俗世，庸碌一生呢？陈子昂被深深地打动了，他就要作出一个决定了。

出了学宫，陈子昂表示，不去赌场了，请朋友们多多谅解，并祝朋友们玩得愉快。然后，他领着两个仆人，坐在马上，一路迤逦回到了家里。

这一路上的气氛可就与来时大不一样了。子昂在马上沉思，心中像一锅开水一样，各种思绪翻上窜下；两个仆人见主人如此，亦都闭了口，不时地你看看我，我看看你，然后微微摇头，他们不明白主人今日为何变成这样了。

是啊！不但仆人不明白，就是子昂自己也说不清自己这是怎么了。但他清楚一件事，他必须作出个决定，而这个决定是他一生的追求目标。快到家门的时候，子昂的想法变得明朗了，他决定潜心经史，旁及百家，决定投身于社会政治，到那个大泥淖里一展身手。当然，他得和父亲仔细地谈一谈，听听父亲的教诲。

五　折节读书

陈子昂从县城回来的那天晚上，吃过晚饭，他便来到后花园中父亲修炼的房子里。

这晚上月亮很亮，银光撒满了天宇，花园中树影婆娑，草木和那些怒放的杂花，散发出令人心醉的清香。好美的春夜，好美的世界。

陈元敬修道的房子位于花园的深处，有一条幽径通到屋前。小径两旁是陈元敬亲自选择的花草，那幽香实在令人心旷神怡。

子昂走在小径上，沐浴着月光，呼吸着花香。他的思绪却越过了眼前的景致，飞到了他自己也说不清的远方。他只感到一种无形的力量，冲击他的心房。他兴奋、激动，他只知道今晚与父亲的谈话将使他的生活有一个极大的变化，那种兴奋而略带焦急的激动，使他觉出了自己的决心。他在猜测，父亲会说什么，但他猜不出。不过，他知道，不论怎样，他都会按自己的想法去做，所以他脚步坚定，没有犹豫，只不过稍稍有点等待的焦急。

子昂轻轻扣响了父亲屋子的黑漆小门。过了一会儿，里面传出一声沉重然而很有威严的一声问话：

“是谁?”

“是我，父亲。”子昂响亮地回答，语调有些急促和兴奋。

轻轻的悉索声，是同样轻微的脚步。门轻轻地敞开了，陈元敬并不高大但颇有威严的身躯显露在月光下。他看了一眼子昂，没说什么，只轻轻点了点头，转身走回自己的蒲团坐下。

子昂长到18岁，但父亲的修炼之地却只是第二次来。他平时很少见到父亲，一年也只不过十几次。父子俩很少细谈，因此子昂不免在父亲面前有些拘谨。他轻轻地跟进门，又把门轻轻地关好，走到父亲面前，垂手肃立。

陈元敬修炼的屋子，东西两间，一间为明，一间为暗。明间较大，是日常起居用功的地方，暗间在西，是睡卧之处。明间摆设不多，但精洁雅致。北面的墙上，挂着一幅老君像，像前一桌，上放古色古香的香鼎一只；像的两侧，挂着字体古雅的字联，乃元敬手书，总云向道之意；桌前一个蒲团，为元敬坐具，此刻他就坐在蒲团上，面前是一个矮脚香几，上放几本打开的道书，赤黄两色的字迹映入眼帘。屋的左侧，摆着一只鼎形药炉，此刻并没有点火，不过满屋子还是弥漫着药香。

陈元敬坐在蒲团上，向矮几上的道书瞟了一眼，抬起了目光，看着子昂。

“父亲，孩儿有话要向您说。”子昂恭敬地对陈元敬说。

“嗯！说吧。”陈元敬答道。

“父亲，孩儿今日经过学宫，始知十数年光阴皆为虚度。人而不文，则野；孩儿自今以后，拟闭门读书，以期事父事君，为博雅君子。请父亲垂示。”子昂恭敬而略带激动地说。

“哦！好！”陈元敬颔首，接着说：“昂儿，想我陈家数世豪雄，在此州郡也算遐迩皆知。然足迹不至中朝，亦为一憾。你今日既已感悟，也是我家之幸，莫非我陈家自今以往当名扬四海，垂于竹帛，而此事应在你身上吗?”说到这里，陈元敬深深地看了子昂一眼，接着又说：

“为父只举过明经，被授文林郎，现归林泉，隐居求道，未能立名当世。你既有大志，为父甚为高兴，但愿你立志要坚，躬行要苦，以期有成。还有，我家祖传向道，你读书亦莫忘求道才是。家中事务，汝可不必过虑。”

“是。孩儿谨遵大人教诲。自今以往，当闭门谢客，专精坟典。陈安、陈才二人，就乞大人允其供孩儿驱使。”子昂答应着。

“好。”陈元敬看着自己年近四十才生的儿子，眼光中流露出疼爱、赞许、期冀的光芒。老子说过“太上忘情”，我们这位文林郎虽然常年求道，但并没有忘情，不过他现在只能这样说。但在这短短的几句话中，元敬倾注了很深的情，语气不免有些异样。

陈元敬的心在动荡。一霎时，他不禁想起自子昂出生到如今，18 年来他为了修道，甚少像人家父亲那样亲近爱抚这个惟一的儿子，心中涌起了一些酸楚。如今儿子异样的语气触动了他关闭已久的心灵闸门，他觉得一股热流一下子流遍了全身。但他毕竟修行有素，尚能控制自己，于是他轻轻地挥了挥手，看着子昂，说：

“孩儿，去吧。好自为之。闲时可来见我。”

子昂行了礼，退出了父亲的屋子。望着天上明亮的月亮，他不免又回头看了看父亲屋子那两扇黑漆的门。

花园里的花香似乎更清新也更浓郁，明亮的月光下，树木花草却显得有些朦胧，宛如披上了薄薄的轻纱。子昂慢慢地走着，深深地呼吸着浓烈的馨香之气，就好像积聚力量似的，子昂每深吸一次就觉得自己有了活力。他一边走着吸着，一边感到兴奋。明天，明天就将开始新的生活，面前就将展示一片新世界，我们的主人公就带着这样的憧憬与渴求的焦灼回到了自己房里。

这一晚上，子昂没有睡好。

六　辞亲赴都

陈子昂自18岁那年春天经过县学，立志读书以来，已经过了三个年头。这三年，他起五更，睡半夜，心不旁骛，足不至户外，谢绝了往日朋友，不相往来，专心致志地读了经史百家诸多典籍，可说是历经三个寒暑，已经文史足用了。

旧时代的士人，读书的目的很明确，按照儒家的主张，是要“修身、齐家、治国、平天下”。子昂读书，目的也是如此。

子昂生当唐朝初期，当时士要行道，要实现自己的志向，必须经过科举考试这一关，才能取得入仕的资格，才能有行道实志的机会。

当时科举考试，有两个门类，制科和常科。常科之中，又一曰进士，一曰明经。明经，就是通晓儒家经典，能够按照官定的经说解释经义，这个科目在唐时不为当世所重。进士考试，一要试策，二要帖经，三还要文词，也就是考诗、赋。这文词部分虽为后出，但很快就成为是否考中的重要条件，占了压倒的优势。进士一科，在唐代自唐太宗以后，就特为天下所重。

要考中进士，在当时又谈何容易。每次考进士的人们有数百之多，及第者不过数十，因此竞争相当激烈。唐代进士考试，例不糊名，录取时，主司不但要看参考者临场的水平，还要参考当时外间的公议和应试者平时的声望和水平。因而，考试之前，在京师游学，以自己的诗文赋作求得名誉，取得当世那些权贵和大学问家、大诗人的重视，便是十分重要的了。

陈子昂生当僻远小县射洪，家世虽为本郡之豪雄，但却无一人在朝中，他自己读书，虽说已学富五车，但是却无人识得。他要参加进士考试，事先的准备工作是非常多的。于是，在21岁的时候，他便东入西京，游太学，开始了他求仕的活动。

自此以后，陈子昂一直到死，都与官场紧密联系在了一起。他的生活变得复杂而多彩，他的思想也逐渐深刻而丰富。他在激荡的生活大潮中，升沉起伏。伴随着这些，他也成长为唐代诗歌革新的杰出旗手。

唐高宗永隆元年（680年）春天，我们的主人公要启程前往唐朝的都城长安。

当时从射洪往长安，要先走陆路，至合川乘船沿嘉陵江而下，到渝州（今重庆）换船在长江中下行，至江陵，舍舟登陆，北上襄阳，再由襄阳奔武关入渭中平原，抵达长安。陈子昂就是这样出蜀奔长安的。

这天早上太阳刚刚升起，陈家大宅之前就显得很为热闹。陈家大少爷要上长安了。大家得了这个消息，都跑来看热闹。子昂的几个朋友也闻讯前来送行，家中的仆从婢女也都聚在大门内外，送他们的公子。一时间，人嘶马叫，平素就不大寂静的大宅门前，此时更加嘈杂起来。

大门开了，个头不高但神采奕奕的陈子昂，身着亮银锦袄，疾步面出。他的身后，是他的父亲陈元敬。这位平时潜修的老人，值爱子远行，破例出了丹房。他知道，儿子这一去，少则一年，多则三年五年，不得相见，儿子在外，不知会怎样，他能不动心，能不牵挂，能不惜别！但他也知道，儿子精研典籍，就是为了显亲扬名，就是为了光大门楣，为了治国平天下，他只能走，只能出去闯荡。他不能阻拦，也不想阻拦。所以他默默地看着儿子，却并不说什么。该说的昨晚上、今早上已经说过无数次了，儿子会记住的，但关键是他自己的体察与拼争，说多少又有什么用呢！他只望着、望着，目光热切而痛惜，而且有着些许的凄凉。

子昂走出大门，向周围的人们高高拱手，朗声道："谢谢诸位乡邻朋友，子昂今日赴上国观光，大家深情相送，子昂不忘诸位隆情高谊。"他人年少，心雄气壮，他知道这是他正式踏入世路之始。他很自信，相信凭自己的才华学识，能闯出个样子来。但他也深知他这一去，将是一个长久的别离，想想二十余年生活的家乡亲人，也不免略有伤情。他的眼睛不由地又向后望去，他望见了年近花甲的父亲，望见了熟识的家人，久久不愿移开。

"上路吧，昂儿！自己当心，万事妥为处置，不可使气。"陈元敬知道，终须一别，何必搞得悲悲切切，于是出声催促。

子昂转过了身，扫视了乡邻、朋友，再一拱手，跨上了准备跑长途的健马。

子昂这次出行，带了家人陈安、陈才。他们二人牵过早已装载停当的马匹，紧跟在子昂的马后，慢慢地向西行走去。

子昂此行，准备得很为充足。带了一大箱子书，一箱子银钱，还有三个人的衣服行李。陈安、陈才不能骑马，只能牵马随行。

几个朋友将子昂送上了南去的大路，依依不舍地作别分手。我们这位未来的诗人，便将家乡的青山留在了背后，与两个仆人直奔合川。

嘉陵江是长江一大支流，发源于陕西凤县嘉陵谷，又称西汉水。涪江在合川汇入嘉陵江，合川以下，江面广阔，南流直入长江，因此是当时一条航船往来不绝的交通孔道。

主仆三人，到了合川以后，将马匹变卖，雇了一只船。陈安、陈才将两个箱子和衣物装上了船，三人便乘舟南下。合川离渝州很近，顺水而下，舟行甚速，不两日，子昂主仆三人便到了渝州。

在渝州，主仆三人换了长江航船，沿江而下，江流时缓时急，过了夔州（今四川奉节），就进入了景色奇幻壮丽无比的三峡。子昂生长于川北，这绮丽景象生平未见，一睹之下，不禁心胸开阔，意气风发。

不一日，船至宜都，三峡已过，江流渐缓，两岸青山绿树，平畴远风，算一算，离家已十数日了。子昂初次出门，不免想起家中的亲人朋辈，同时因舟行楚国故地，亦引起了他思古感慨之情。于是，他诗兴难遏，作了一首诗。诗云：

朝发宜都渚，浩然思故乡。
故乡不可见，路隔巫山阳。
巫山彩云没，高丘正微茫。
伫立望已久，涕落沾衣裳。
岂兹越乡感，忆昔楚襄王。
朝云无处所，荆国亦沦亡。

诗中抒发了思乡的殷切之情，但子昂毕竟不同常人，他要有为，他要治国平天下。所以他由眼前景，想到了古来的兴亡事，感叹楚襄王只沉迷于男欢女爱，终使楚国沦亡。年轻的诗人，在他早期的诗中，就贯注了深沉的历史感，就显出了与当时浮靡诗风的不同。

船至江陵，主仆舍舟登陆，又买了马匹，直奔襄阳转武关入关中，一路劳顿，自不必说，不日到了长安。在这里，诗人陈子昂开始了他的社会活动，也开始了他的新生活。

七 初至长安

长安，是唐王朝的国都，在当时的世界上，是一座相当有名的大都会。早在秦代，长安西北不远的咸阳，就成了秦的京城。秦末天下大乱，群雄逐鹿，最后刘邦获取了胜利，一部分功臣武将本想建都洛阳，娄敬和张良以为长安地当关中，为天下咽喉要害，沃野千里，建议以长安为都，于是刘邦即日西驾，居于长安。

唐朝之前的隋朝，亦以长安为都。但隋炀帝杨广，耽于淫乐游玩，经常不在长安，尤其是其末年，不以天下国家为意，征调天下民力，为满足一己的私欲而极力役使。他听说扬州是繁华之地，有天下难见的琼花，于是凿运河，由长安而扬州，征沿途500里内人夫牵挽龙舟巨船，供应出行的庞大队伍的饮食，一时弄得国怒人怨，乌烟瘴气，结果他未能再回到长安，而被宇文化及杀死在外。

李渊、李世民父子，起兵反隋，立国之初，就定都长安。这个长安城，位于龙首塬之南。唐代立都以后，在高宗永徽五年以前就屡加修缮，整饰一新。整个城市葱郁、庄严、巍峨，宏大壮丽。雄伟的城楼高耸，拂云接日，高大的城墙环绕，城墙上开了九门九关，城内街道宽阔，屋居壮美，北部为皇城，南部为市区民坊。皇城之中，宫阙高耸，阵阵天风吹来，风铃叮当，如奏天乐，群鸟惊鸣，如响天籁，红墙隐约于绿树之间，真是一派雄壮的帝王气象。南部民坊，分为左右，中间是朱雀门大街，直达南边的城门明德门。这个朱雀门大街，宽及百米，就是今天好多城市的大街，也未必有这条街这么宽哪！在民坊中，有著名的东西两大超级市场，是全国工商荟萃之地。长安城的繁华，有一大半是在这两个市场表现出来的。不过，能在市场上挥金如土进行享乐的，是那些公子王孙和巨商富贾，一般的百姓还是一分钱掰两半花。

那时的长安，人口已有百万之多，不但有天南海北的各地中国人，还有不少的外国人，是名副其实的国际大都会。乍看起来，这个城市真是吐气成霞，汇声为雷，繁华已极。可实际上在表面的繁华下已经孕育着凋败，特别是当时唐高宗已经成了名义上的皇帝，皇后武则天实际上操纵着一切。这个城市正在要为它的逐乐争欢付出代价，那些王孙们将要以自己的血来偿还他们的奢侈了。

陈子昂到达长安时，这个城市的上空笼罩着政治烟云，烟云下面正是纸醉金迷。

陈子昂下榻于青龙坊的一家客栈。主仆三人赁居两室，虽不甚大，不如家中排场，但还洁净方便。

青龙坊位于长安的东南角，紧连着名胜之地曲江池。自将浐（chǎn，音产，水名）水引入此处形成一个曲江池以后，这里便是长安游赏玩乐的去处了。芙蓉园披红着紫，将那倾国倾城的明眸抛向游人；紫云楼摘星揽月，将那若有若无的云梯伸向曲江；杏园在春天绯红如海，落英将曲江变成游动的花坛；慈恩寺在曲江之西，那远近知名的大雁塔为烟水明丽的曲江添加了静穆的幽情。曲江池一泓流水，曲折卷舒如龙蛇，这里聚拢了长安的欢乐、忧伤，空气中回荡着新歌妙曲，阳光下盘旋着曼舞丽容。大唐的所谓盛世在这里留下了自己的印迹，而那些忧患之士的沉重哀伤的感喟也在这里凝聚了。

陈子昂初到长安，他首先将自己投入了明丽的景色之中，在这里领略了经过人类之手加工过的自然之美。

但他不能永远的沉迷在如诗如画的景物中。年轻的诗人胸膛里跃动的是一颗充满入世用世激情的心，他得活动，他要让人知道自己。可惜，他在长安举目无亲，他要做的事对于豪爽直率、热情如火的年轻人是多么艰难啊！然而时世如此，艰难诚为艰难，还得去做，于是年轻的诗人便开始了他的活动。这个活动就是带上礼品，拿着自己的诗文去拜见当世的闻人，这颇有点现代“推销自我”的味道。

不过，拜见闻人也颇有讲究，不是可以贸然从事的。当时的闻人也分成三六九等，有那些官高权重一言九鼎的闻人，也有在某一领域声名显赫的闻人，还有位轻言微，但实际却很有才华，小有名气的人。先拜哪个，不但要看拜见者的身份，还要看拜见者的品格和选择。位高势大者，对于藉藉无闻的人是不肯见的，总得有点名堂了，他才会见你，以示他的伯乐之能之心，见出他识人之胸襟。另一方面，就拜见者说，位高势大者，未必有真才实学，更未必有品格，稍有点良心骨气人格的人，大概都要三思而后行。

子昂是个热血青年，他到长安，想得很单纯，就是要争取机会，实现入仕的愿望，以行道天下，救济万民，把他的济世之想付诸实践。他以为只要有才华，自己会被人像明珠宝玉一样珍视的。他相信自己的才华，同时似乎也相信了社会，具体说相信了那些可以决定他生死的大官们的人品和眼力。他根本就不了解，就一个社会来说，那些可以定人命运的人物往往是既无人品更无眼光的。他们自己就不是凭人品和才华，而是凭奉迎拍马以及欺诈等等卑劣的手段爬上来的。他们怎么可能有眼光，更怎么可能改变他们那卑污的念头呢？我们的诗人实在是天真。

不过话说回来，正惟天真，我们的诗人才可爱，才真作出了在历史长河中闪光的事情，而那些卑劣的所谓大人们，他们留下了什么呢？除了他们淫靡的生活和卑污的德行以外，实际上，支撑人类奔向美好理想的脊梁，决不是所谓的大人们，而是那些为民请命的人，是那些无权无勇却为理想奋斗不息的人，是那些为了正义，为了人类完善而不屈不挠忘记私利的人，子昂就正是这些人当中的一个。

八　游学交友

子昂从川中千里跋涉，来到长安，目的相当明确，就是要把学到的所谓治国平天下的经世济人之术货于帝王家，以弘扬他执着的那个“道”，自己也借以不朽。古时候的人，对自己所执之道是很执着很虔诚的，他们也非常重视自己的声名如何不朽的问题。儒家的老祖宗孔子就是如此，数十年周游列国，汲汲于行道，到处碰壁之后，就述而不作，立空言以垂世。这个行动后来成为了中国几乎所有文士的楷模，子昂读书求功名，当然也不例外了。

但子昂刚从偏僻的射洪来到长安，当时无甚名声，朝中的权贵他是攀不上的，而他也自视甚高，颇有年轻人的以天下运之于掌的那股勇气。他也不想去攀那些他并没看得起的权贵，于是他这个二十刚出头的年轻人，首先去拜会的是太学的老师。

唐朝的太学就是国子监，在监中读书的叫做学生。国子监是当时的最高学府。国子监的管理者有祭酒、司业，教师称为博士。应该说，这些人当中有不少是饱学之士，也有一些是才华横溢的文人。

唐朝的国子监，在皇城南大街东半部靠北，坊称务本，东面就是皇城东大街。

一天，陈子昂收拾了一下，把自己写的诗选出一些，穿上白色的麻布长衫，带上仆人，直奔国子监而来。

国子监虽说是最高学府，但说来可怜，这个养育国家人才的地方，比起那些衙门，可就让人不敢恭维了。学校临街，坐北向南，大门一溜五开间，门口有几个老弱的厮役。仅此而已。

子昂主仆到了国子监，递上名刺，请求衙役传递，求见当时的刘祭酒。所谓名刺，类似于今天名片的那么个玩艺，但比现在的名片要大，上面写的内容也复杂些。这个东西兴起很早，汉代就有了。子昂递上名刺，衙役看了看，见他带两个仆人，人的个头虽不高，相貌也不威猛，但是两眼有神，精光外溢。衙役阅人多了，知子昂非同常人，于是不敢怠慢，让他等一会，就有一人持名刺进去通报。

国子监祭酒虽说事权不大，但名义上负有长养人才、教育士子之责，因此祭酒一般都用老成持重且有修养的人担任，品位也较高，颇得人敬重的。现今的祭酒姓刘，此时正坐在厅上仆役递上子昂名刺，他仔细一看，知其远从川中而来，必为应明年科考之士。这样的士，要是中了进士，便从白衣而仕宦，大家就同朝为官了，于是不敢轻慢，让将子昂请人书房叙话。

子昂随衙役进得书房，见刘祭酒五十余岁，颇有长者之风，抢前行礼，祭酒还礼，请坐看茶。子昂落座以后，首先拱手致意：

“祭酒大人，学生远道而来京师，今日造访，有所唐突。学生数年习读文史，兼及诗赋，目下有诗文数篇，想请大人过目，予以品鉴。”

说完，恭敬地把自己的几篇诗文送给刘祭酒。刘祭酒接过，一边让茶，一边浏览。只不过看了三数首诗，便心中一惊。他看得出来，眼前这位年轻人，才华横溢，他的诗不同流俗，而颇具汉魏古朴之风，诗中词意慷慨，寄思遥深，如此年轻而有如此造诣，将来前途实不可量。刘祭酒阅人无数，即太学中，就有学子数百，以自己平日所见，诗赋文章能与眼前这个年轻人相比的，几乎没有。想到这里，刘祭酒不由得重视起子昂这个初出茅庐的小伙子了。刘祭酒将目光缓缓从手中的文稿上抬起，静静地看了子昂一会儿，凝重地说：

“伯玉兄不远万里来到京师，将有所为，观伯玉之诗文，知志在匡济，发意慷慨。当今二圣在朝，天下太平，君有其志，亦有其才，必当轩翥于后，知名当世。伯玉不弃，吾敢实言。”

刘祭酒的称赞让陈子昂颇为震惊。陈子昂对自己是充满信心的，但他还从未受到如此推许。他看刘祭酒偌大年纪，态度诚挚凝重，不像一般的客套话，因此他一是感到有些激动，二是觉得自己不能冒失，不能自足，别飘飘然。子昂听完刘祭酒的话，脸上有些微红，当下作了一揖，说：

“承祭酒大人不弃，加以谬赏。子昂材及中人，志存天下，图报效朝廷，今后还请大人提携，不吝指教。”

刘祭酒听到这里，站了起来，正色说：

“某与伯玉初会，非敢过分恭维。以兄之才，来日必为朝廷栋梁。兄之诗文，当放一异彩。某对此一道，紊非善习，但识得几个于此有些心得的朋友。自当尽心揄扬，以图光大圣朝，变改当前之浮靡诗风也。”

子昂这次拜访，本意在于游扬名誉。他见刘祭酒深以志趣相期许，不觉感动；刘祭酒见子昂，是因为他是来考的贡士，不想从诗文和交谈中见一奇才，亦惊喜非常，所以很为高兴。二人越谈越觉得相投，不觉忘了官位尊卑，年龄差异。这一会面虽说初次，却一下就过了一个多时辰，连子昂的两个仆人都有点呆不住了。

刘祭酒临别之时，给初来的子昂提供了两个朋友让他去拜访，一是万年高明府，一为京兆府功曹王适。子昂接受了他的好意。

这是子昂这个年轻的诗人在京师首次打入他也想打入的那个圈子，虽从根本上说这个圈子未必能帮他什么大忙，但他总算获得了初步的声名和切实的经验了。

九　得识王适

子昂拜访了国子祭酒刘某以后，不久就拜访了万年县令高某。县令，唐人称为明府，陈子昂诗中有送高明府的诗。这次拜见与拜刘祭酒情形差不多，不过高明府年纪不到四十，人却较为干练。

为了游扬声誉，子昂按刘祭酒的介绍，拜会了当时的京兆府司功参军王适。

这个王适，幽州人，很有才华，能诗善文，当时已是小有名气的人物了。此人交游广阔，评诗论文，颇得时称。

陈子昂在一个晴朗的日子里，带着自己的诗文作品，拜访了这个从燕北幽州来的名流。

王适的宅子不大，但极为精洁齐楚。临街一个黑漆大门，进门之后是一个虽小却植有花木竹梅的小院，院子的北面一溜五间屋子，屋前有长廊，东西各有三间厢房。绕过正房，有个角门通到后边，那是一个小花园。在院子里只能见到露出屋脊的亭子的顶，猜想起来，花园不会太大，但装点必定精妙。

王适早从刘祭酒那里听到了陈子昂的名字，并且听到了称赞，但他想亲自见一见这位年轻人，所以对子昂的来访，非常高兴。当然，他也想借此机会亲自考察一下。

书室里，宾主二人促膝相对。王适仔细地打量着眼前的年轻诗人，只见他身材不高，有些清瘦，微黑的脸上，一双湛湛的眼睛熠熠有光，论相貌确不英挺俊拔，但似乎神完气足，颇有信心和主意的样子。

谈话便从诗文风尚开始。

“伯玉兄，仆已从刘祭酒那里闻名久矣，今日相见，实为有幸。仆已在刘祭酒处见君之几首诗篇，真可谓是金声玉振，有冲决浮靡之音的气魄，想来兄于为文一道当有卓见。”

王适首先试探性地开了口。这话虽不深切，但亦有几分真实，他想听听陈子昂说些什么。

“承前辈谬赞，实不敢当。仆本蜀中一生，见闻不足，但于本朝以及齐梁以来之诗尚文风，倒真有些想法。诗文一道，关乎世运，国盛文昌，此乃至理。三代以还，惟有周一代国治世平，诗则有风雅之音。降及汉魏，世衰时乱，但风雅之道未泯，而风骨犹尚猷壮，慷慨使气，磊落多才，言多兴寄，词旨遥深。乃齐梁之时，风俗衰败，淫佚奢靡之俗兴，浮华绮丽之诗作，古人于此亦有言矣。今大唐隆兴五十余年，天下和乐，圣道昌平，然诗文尚循齐梁旧轨，未能一洗浮靡。仆不才，不能随俗浮沉，不自量，欲趋步古人，唱正始之音，咏风骨之调，以使建安作家相视而笑，不得古今独步。实知此意不入时人之耳之目，但不能自已。然仆一弱冠刚过之布衣，虽则有此志，未必有其力，尚祈先生不弃，不吝赐教。”

子昂这番话可谓是掷地有声，亦可说是空谷足音，在一片浮靡相尚的初唐诗坛上，真是闪光的语言。子昂年轻气盛，又常日深思，故能一针见血地提出齐梁以来诗歌创作中的弊病，又意气风发地表明了自己的志尚。

这一席话，极大地震动了王适这个已在诗坛文苑小有名气的文人。其实他亦觉得现在诗坛之风气颇有齐梁遗韵，但他似乎没深思，所以他平时作诗虽力避过重的绮靡，但由于目标不明，志向不大，终不免还是脱不了时俗的牢笼。今日一闻子昂慷慨之言，觉得议论深辟透彻，往日思而未得之处都分明起来。他在心里想，此子虽年不尚大，但将来必执诗坛文苑之牛耳。王适不觉得顿起敬佩之心，听完了子昂的话，他一下子从椅子上站了起来，一步跨到子昂面前，紧握住子昂的手，连连道：

“说得好！说得好！”他看着子昂的眼睛，完全放弃了初见的矜持，“伯玉兄，此言金声玉振，金声玉振。君言可从，君志可尚。不图今日得闻正言谠论，今日得见朗正君子。仆虽不敏，驽钝凡庸，但愿不弃，使得追随君后。国朝世称隆盛，而诗文不称，君今立志，必震动士林，文章之变在此时也。君其勉之，君其勉之！”王适边说边摇着子昂的手，甚有相见恨晚之意。

古人云，惺惺相惜，又云惟英雄识得英雄。王适是个小有名气的人，平日也是眼高于顶，一般人是不放在眼里的。今日一见子昂，一闻其论，便如此热切真挚，他真的窥见了子昂的志向，真的佩服子昂的见识。这说明他也不是凡庸之辈，不是只知混饭吃的家伙。

王适比子昂年辈高，今如此态度，倒使子昂着实有些不好意思。他连忙从椅子上站起，连声说：

“先生过誉，不敢当，不敢当！此乃仆平日所思，今日唐突，先生不以为忤，幸甚，幸甚！先生前辈，仆得先生之言，如得柱杖，敢不努力，敢不努力！”

“伯玉不必过谦，伯玉虽年轻，但志尚过人，见识深远，仆不轻意许人的。伯玉，前途尚远，努力之言莫忘啊！”

王适一边将子昂按到椅子上，一边深情地说着。他在地下走了两步，转过身来，又说：

“伯玉，你我相识不早，今日得见，三生有幸。仆虽年长于君，但愿君不要介怀，从此论交，如何?”

予昂听他这么一说，觉得他非常诚恳，就说：

“子昂年轻，不谙于世事，先生前辈，尚请先生指教。”

“莫如此说，你我二人论交，就是朋友，不要客气了。”

王适很高兴。十数年来，在京城生活，见人不可谓不多，乃今日才见一个有志有识的奇才，并从此论交定情，这该是多有意义的事啊!

人生就是如此，有些人相识几十年，未必相知，未必是真朋友；有些人就见过那么几次，甚至就见过一次，可就那么相知，意气相投，所以不少人就在这偶然的机会里成了相识甚深的朋友。人要寻找志同道合的朋友，可见多难啊!

子昂和王适的见面，十分融洽，十分真挚，两人直谈了一个多时辰。中午时分，子昂要告辞，王适说什么也不许，吩咐厨下做了几样精洁小菜，二人就在书房里用餐。他们把酒论文，细说心曲，愈觉真是相知不早。

子昂拜访了王适以后，王适将子昂的诗文拿给许多人看，他向这些人说：

“陈子昂其人，诗纵慷慨之气，风猷骨壮，必为天下文宗矣!诸君可以后事验吾言之不虚也。”

从此陈子昂在京城的文人圈子里，就有了一些名声。当然，不少人或者说很多人对王适的评论不以为然。这也难怪，天下识和氏璧的有几个!凡夫庸人不就是混钱吃饭而已吗?我们的诗人陈子昂，一生未遇几个相知的人啊。在茫茫人海中，像子昂这样的情况，可说屡见不鲜，多得数不胜数。平心而论，陈子昂还算是幸运的。

十　落第西还

自见了刘祭酒和王适等人以后，陈子昂在长安的日子就显得有些忙碌了。不知不觉，天气就热了起来，接连的诗文酒会，不但使子昂结识了不少的人，而且确实使他开阔了眼界，看见了很多未曾见的人，听见了很多未听过的事，这使他的阅历丰富了，识见也加深了。不过，毕竟是只有 21 岁的年轻人，他还刚刚接触到社会生活，一切都有待于社会这个大熔炉不断地加以冶炼。

永隆二年的初春，陈子昂由长安起程，赶奔洛阳。

唐朝高宗时，洛阳是所谓的东都，武则天非常喜欢住在那里，因此洛阳在当时也是全国的政治、文化中心之一，并且有着畸形的繁荣。

从长安到洛阳，五百余里，修了一条宽阔平整的大道。这条大道，隋时就有基础，后年久失修，多有圮坏，唐高宗时又重加修整，补植槐柳榆杨，可真是漂亮极了。

在一个春意充溢、晴朗阳和的日子里，诗人陈子昂出了长安东面的青门，越过灞桥，沐浴着爽人的春风，踏上了东去的路程。

一路上走走停停。诗人关注地看着透露着生机的大地，欣赏着越来越明显的春意，怀着美好的憧憬与期望以及这种期望必然实现的信心，他意气风发。五百里路，主仆几人走了七天，在一日的午后，进了东都洛阳。

唐高宗和武则天在洛阳有豪华的行宫，规模虽不如长安皇宫宏大，也不如长安皇宫壮丽，但奢华一点也不逊色。因为皇帝和天后驻跸于此，朝中的重要官员大都随驾，各地州府派往朝廷的办事人员和各国的使节，都集中到了这里，洛阳也就人头攒动，市面上很为繁荣。

陈子昂主仆进得洛阳，只见十里长街人来人往，街面店铺林立，骑马的纨绔和拉着美女官眷的马车不时飞驰而过，真是十里长街十里软红香尘。这情形比现时的长安一点也不稍让，甚至可说有过之而无不及。

陈子昂主仆三人好不容易在一条小街上觅得了一个小店，店里先已住上了一个也是来赶考的士子魏懔。一时之间，二人相见，互通了姓名。从此，在候考的这十几天里，二人不时过从，谈些有关考试的事和得自街巷的传闻，又不时地讨论些诗文赋的写作，日子过得倒也并不寂寞。

这魏懔，排行四，人称魏四。年纪比子昂略大几岁，人倒是精明干练，对不少事也是颇有看法的，所以他与子昂还谈得来，可说就是朋友。

不久，陈子昂同天下应试的士子一同进场，参加了进士考试。三场下来，子昂觉得自己文章合份，诗赋尤佳，只觉中进士不成问题。于是放怀等待，闲来无事，便与魏四等人逐日在洛阳城中四处游玩，一来放松心情，二来也想好好体察一下民风。就这样，日子过得飞快。

世事往往如此，你觉得应该有的，未必会有；你觉得按理不该有的，可偏偏就出现了。人云世事难料，诚然。

陈子昂才华横溢，又用心揣摩，无论文章诗赋，都作得很好，不少人对之都加以赞赏，他自己也甚觉得意。他以为，拿个进士，简直就如探囊取物一般。然而，心比天高，命如纸薄，礼部放榜，子昂名落孙山。

“命乎？命乎？时乎？时乎？”看完榜文以后，陈子昂心里难以平静，他在心中不住地呼喊着这两句。这真如一盆烈火，猛然被冷水浇灭，子昂经历了人生第一次失败。他有点不知所措，更多的是愤激，他无论如何也想不通。凭他的文章，凭他的识见，竟然榜上无名，这该不是老天的有意捉弄吧！

为了排遣愁绪愤思，陈子昂在洛阳有意游玩了两个地方。一是洛北的邙山，一是洛南的伊阙。

邙山，又称芒山、郏山、北山、北邙山，地在洛阳东北，连岭修亘，总苞众山，为洛阳地势形胜之一。洛阳在东周时，为周王室所在；东汉时，刘秀以长安残破，在此建都；西晋时，司马炎亦以此为京城。这是一个著名的地方，列朝立都于此，邙山就成了帝王豪贵死后葬埋之所。所以自魏晋以来，“北邙”、“芒山”在文人的诗文中就成了坟墓的代名词了。陶渊明《拟古诗》四说：“一旦百岁后，相与还北邙。”这北邙就喻指坟墓。

子昂来到北邙，只见陵墓虽多圮毁，但遗迹尚存，真可谓冢墓累累。墓间白杨在风中飒飒作响，一片萧杀悲怆。子昂不免心中感慨起来。埋骨此处者，尽是一代王公贵人，生是显赫一时，但是大化一至，奄忽物化；天地间万物同此流转，真如贾谊所说，造化为炉，万物为铜，自己何必对一时之得失如此系心呢？且努力人事，以听天命吧！

子昂来到伊阙，见岭从中分，伊水流过，形势真是雄壮极了。面对不稍暂停的流水，子昂不禁想起了孔老夫子“逝者如斯夫，不舍昼夜”的感叹。是啊，日月流行，光阴似箭，恰如流水一般，去而不返。过去的就让它过去吧，且打点精神，以图将来。自己还年轻，终不信上天就不能开眼！

连日的游赏，化解了陈子昂不少愤激之情。他决定西还长安，然后再回蜀中，过几年再想办法。于是，他与魏四分别了。虽则相交未久，但子昂还是有些伤感，他写了一首诗送给魏四。诗中说自己落第而伤怀，决定暂且还家，但与朋友相别，不知几年后才能再见。子昂是个重情的人，他虽与魏四相识甚短，但情意却颇缠绵。

一个暮春的日子，子昂与魏四执手相别，又踏上了西去长安的路。这回虽同来洛阳时同走一条路，但那心情可就不可同日而语了。

不一日，到得长安。其时，刘祭酒、高明府和王适诸人早已知子昂落第的消息了。子昂一到长安，数人就备下酒席，着人来请，用意十分清楚，替他洗去征尘，更替他洗去心头愁烦。席间，大家多说些宽慰鼓励的话。就这样，十来天一晃就过去了。

朋友的友情实在奇妙。你烦愁时，真挚的友情可以帮你化解；你高兴时，朋友也能得到一些欢乐。几位朋友的关注，使子昂精神又昂扬起来，他决定先回蜀中，过几年再来应试。

开耀元年初夏，子昂主仆与长安的几个朋友作别。大家将他送到西城门外，他踏上了返家的路程。

陈子昂第一次考进士失败了，但他并没一蹶不振，未来的事业在等着他，他也在等待另一次机会。

十一　居家学仙

子昂离开长安，主仆长途跋涉，翻山渡水，历尽艰辛，一个多月后回到了武东山的家里。

落第而归的滋味不好受，尤其是渐近家乡，渐近家门的时分。子昂主仆在一个黄昏的时分，静悄悄地进了大门。

家中的一切，大半年中并没有什么变化。仆人依然忙碌，父亲依然修道，只是子昂的心情却与前不同了。

晚上，子昂来到了花园中父亲修炼的小屋。

父亲倒是很理解他，没有问他考试如何，只是问了他如何出蜀，如何回川，在长安和洛阳感觉怎样。这使子昂略有紧张的心情大为缓解。

“得不足喜，失不足忧。孩子，你明白吗?”陈元敬缓缓地温和地说，“你还年轻，机会有的是，不必对此次落第之事挂怀。不以外物萦心，不役于外物，你才能达天知命。”

从父亲的话语中，子昂似乎领略到了一些什么，但又觉得捉摸不定。他知道，父亲对他的归来内心高兴，对他的中不中进士，并没有他想的那么关心。

子昂静静地在丹室中与父亲相对。一个时辰之中，父子俩谁都没有多说话，但他们似乎已感应到了对方的心灵，这就是一种满足。

子昂回家以后，还是读他该读的书，但这时他的生活中加了两件事。

陈家求生服食是个传统，子昂的曾祖、父亲都对此十分热衷。自小在这个环境中长大，子昂受到了熏陶。因此，现在子昂对服食似乎也有了兴趣，他不时地跑到父亲的丹房，翻看父亲那里的修炼之书，并且也开始服食些云母、仙人掌以及丹药之类的东西。用子昂自己的话说，这是“林岭吾栖，学神仙而未毕”。这一求仙服食之举，直到他第二次考进士时才停止下来。

射洪西山，树木茂盛，山水清幽，内中有座开元寺。寺中住持称为晖上人，是一个修行有素的沙门。子昂归家不久，就同晖上人相识，在将近三年的时间里，子昂与晖上人有着密切的交游往还。夏日盛暑，子昂到开元寺晖上人房中，二人对坐，一边喝着山泉煮的茶，一边探究禅机玄理；秋日晴朗，子昂便同晖上人在山间小径上漫步，饱览造化之工，将自己溶入自然中去。这种日子，是子昂颇感适意的时光。但是他仍时常想起魏阙，从仕的愿望之火在心底隐隐燃烧着，他的尘忧未能全忘。

这一时期，子昂与县里的人士也有往还。子昂虽未中进士，但他毕竟试过了，而且有机会再试，县里的守丞尉等人，对这样的士子是另眼相看的，更何况子昂诗文已名动京城，小有成就，所以就被青眼有加。当时射洪县守丞尉中，有一人与子昂颇有交情，这就是县尉东海齐某人。齐某人是个进士，也颇有文才，二人谈得来，双方互相期许，成了好朋友。这使得子昂虽在偏远小县，生活倒也多了些亮色。

永淳二年（683 年），唐高宗头风病加重，正月遣使者祭嵩山、少室、箕山、具茨等，他自己则临幸奉天宫。这就是所谓的鸾舆巡方。皇帝出游，各地方官例行纳贡，齐少府就被梓州选派为使臣，到东都去执献当朝。临行之前，在晖上人住处，晖上人和陈子昂置酒为齐少府饯行。席间，三人各作了五言六韵诗一首以相赠，可惜子昂这首诗现在佚失了。为了给这次集会留下纪念，子昂写了一篇序文，这篇序文现在倒是保存着。

这篇序文，首言聚会话别之因由，次言山川景物之优美，末申朋友期望之深情。中云："虽同交未阻，风月可留；岐路方乖，关山成恨。"对朋友之间的别离不免伤感，但又说："朝廷子入，期富贵于崇朝，山林吾栖，学神仙而未毕。青霞路绝，朱绂途遥。言此会之何时，愿相逢而谁代。"可见子昂此时未能忘情仕宦，但又知学神仙未必成，求仕宦也非易事，虽云勉朋友以富贵，实乃透露自己之心声，这之间可见其矛盾之心态。但子昂毕竟豪迈，所以他又说："永怀千古，岂知仁者之交；凡我三人，盍崇不朽之迹。斯文未丧，题之此山，同疏六韵云尔。"朋友的深情永怀，我们是仁者之交，因此我们三个人，要留下不朽的遗踪，要后人知道，当此污浊之世，斯文未丧，仁者犹在，我们要把我们的诗题在这个山上。看，多豪迈的气概，多阔大的心胸。小小的送别之会，竟成了发露心声，以振兴文坛的聚会了。

齐少府走了，子昂还一如既往地生活着。不过，他在此一送别之后，崇仁义、振斯文的决心似乎更大了。子昂变得更加深沉，更加敏捷。他似乎已经觉察了历史将给予他的重担，所以也更坚决了。我们的诗人已经做好了准备，要以单薄然而坚强的肩膀，担起振兴诗文的重任，要以清白之身，对抗那排天而来的污浊。

长夜漫漫，风雨飘零。等待诗人的将是什么呢？

十二　再入东都

永淳二年（683 年，此年十二月改元弘道）十二月初，诗人陈子昂再一次离家，直奔东都洛阳。

这一年，是唐高宗在位的最后一年，他和武则天二人住在东都。为了医治唐高宗李治越来越重的头风病，正月里由武则天下令，遣使遍祭群山，结果不见效验。七月，李治知自己不久于人世，于是封皇孙李重福（太子的长子）为唐昌郡王，又改封第四子豫王李轮为相王，更名李旦，又下令皇太子东至洛阳，以便交付后事，令皇孙留守长安，令刘仁轨辅佐。十一月，皇太子到洛阳。这时，唐高宗头疼病已不可忍，让太医院随侍的御医秦鸣鹤诊治。秦太医看了半天，也想不出什么好办法，说道："刺头微出血，可愈。"其实，他是想以针刺的办法放放血，以免淤血过于压迫神经，使病情缓解一下。但武则天不干了，她说："此可斩，欲刺血人主首邪！"这理由表面上冠冕堂皇，其实她是不想让李治病稍好一点。她倒是想李治快点死，所以不问情由，把治病说成不道，其实她懂什么医术？好在李治实在疼不可忍，就说："吾苦头重，出血未必不佳。"总算把这事打住了。秦太医哪里知道武则天的心事，他只管治病，按病下方，可是危险至极。于是秦太医以金针刺百会，李治竟说："吾眼明矣。"可见秦太医之术还是管用的。

但不知怎么回事，不过几天，李治的病就加重了，宫闱事秘，详情不得而知。但人们总怀疑，这事与武则天大有关系。试想，为了自己夺取皇帝，连儿子都杀了的人，对于丈夫能更爱惜？夫妻是两情相悦或不相悦而生活在一起的人，儿子可是从身上掉下的肉，夫妻靠的是感情交流，儿子可是先天的血缘之亲。总之，这次病重得很。捱至十二月，李治在武则天摆布下，决定下诏大赦，以减病情，并且要亲御则天门楼，但因病重而止。就在亲御则天门楼而未成的这天晚上，李治就死了，才不过56岁。

就在这个情况下，陈子昂来到了洛阳。

暮冬的洛阳，一片肃杀之气。满城悬白，那高处的旗幡在朔风中劈啪作响，天上满是铅色的云，沉甸甸的，给人以压抑的感觉。但市面上的人却并不少，不过都是屏息敛气，偶尔交头接耳罢了。往日的喧哗吵闹，仿佛一下子远去一样。

来东都应试的士子们一点也不比上一次少，反倒好像增加了，客店拥挤不堪。不过还算万幸，子昂主仆总算找到了一家虽不甚好却颇洁净的小店，主仆三人赁下了两间上房。

离考试还有一个月时间，子昂知道，该树些名誉才行。但又怎么办呢？天子刚死20天，禁令未解，这时拜会名公巨卿是决不适宜的，不但他们每天赶去守灵，辛苦万分，就是这时的局势也是变幻莫测，谁都在尽力探听消息，以决定自己的动向，哪有闲心思想什么士子的事啊。子昂决定且缓数日再说。

为天子守灵的期限终于过去了。虽说还要等过些天才能惊动灵驾，可这以后就不用天天那么辛苦了。而且灵期一过，市面顿时就活跃了起来，买卖照常营业，一应活动特别是士人间的活动就自然地随着灵期的限制的松动和取消而频繁起来。细算起来，离考试已不过十几天了，二月初就要进场了。

这可难坏了陈子昂。他知道，现在武氏一党与李氏宗族，为争权正在暗中较劲，他也知道，大概武氏要胜。对于谁胜谁负，子昂倒没有那么多正统意识，反正使国家昌盛，人民安居，百业兴旺就行。但一个现实问题摆在了眼前，游扬名誉，树立声望得靠有力的支持提携，那自己该找谁呢？就他的观察和了解，虽然武则天还算精明，可她依靠的武氏子弟实在龌龊不堪，令人不敢恭维，对他们很难办。你找他们，你就得卑躬屈节，这根本不可能；你找别人，如果他们掣肘和捣乱，那你也有麻烦。况且，将来政局如何还难说，弄不好，就陷进党争的泥淖中去了。那时不要说实现抱负，就是脑袋恐怕也保不住。这件事，使陈子昂这个豪爽的诗人也犯了难，好几天，他都不停地思索，弄得茶饭不香。

也是天无绝人之路。

一天，陈子昂与仆人逛市场。这洛阳的市场并不比长安小，因为李治和武则天经常住在东都，不但宫中所需不赀，就是那些随驾的官员和仆从以及扈驾的兵士，这耗费就十分惊人。长安市上的商人，每当皇帝与皇后到东都的时候，有大半以上都要跟到洛阳来。那些大商人，在洛阳都有与长安一样大的货栈。因此，洛阳市场也是天下辐辏，百货俱备，每日红尘四起，热闹非凡。

主仆二人在市场上走走停停，买些应用物品。一时之间，就见在市场的一角，一大群人围在那里。子昂和仆人走过去，分开众人一看，原来是一个西域胡商，正在高声叫卖一把胡琴。

这胡商，高鼻深目，满头红发，一脸的络腮胡子，红发和胡子还打着卷儿。这胡商，手里拿着胡琴，还把它弄得嗡嗡直响，大声吆喝道：“上好的胡琴啦！听一听这声音多优美，看一看这式样多漂亮。上好的西域胡杨木做的琴柱，结实美丽的西域大蟒蛇的皮蒙着，快快买吧，这是一把宝琴啦！”胡商的汉语说得半生不熟，带着浓重的西域音腔，舌头打着嘟噜。他那怪异的腔调和夸张的动作，引得人们都很注意。

子昂站在人群中，仔细地打量着胡商手中的那把“宝琴”。确实不错，胡杨木的琴柱，纹理清楚，蒙音箱的蟒皮花纹漂亮，胡商用手拨弄，琴弦发出厚重而悦耳的声音。不错，确实不错。不过要说是宝物，那可就有点玄了。

围着的人中，有不少是赶考的士子，个中还有几位也懂点音乐。只见他们交头接耳，小声议论：

“不错的琴，是好琴。只不知要怎么卖。”

“这琴从哪来的？确实漂亮，当今中原未必有这么好的东西啊！”

“是啊，我见过几把胡琴，还没见过这么好的呢！”

“问一问吗，看看情形再说。”

于是，一个士子向前迈了几步，朝胡商拱了拱手，开口问道：

“请问，你这把琴是从哪儿来的？什么时候做的？你这么远拿到洛阳，要卖多少钱啊？”

那胡商一见有人搭话问价，脸立刻严肃起来。他看着那把琴，颇为自豪而又神秘地说：

“实不相瞒，我西域出好琴，但像这把这样，可数十年仅此一见啊！此琴为我西域名家所造，费时数年。我久走中原行商，知中国为泱泱大国，人才济济，物阜民丰，通晓音乐者甚多，长安、洛阳弦歌不辍，也有演奏胡琴的高手名家。自西域诸乐传入中原，胡琴也就为中土人士所习，故此我携此琴入洛阳，以求天下人赏识，亦可多取利息。既承相问，敢以实告。此琴在西域亦数上好，售价当在百数十万之间，未知先生有意否？”

“琴是不错，但价可否再加商量？”士人见胡商开口就百数十万开价，不知他用意若何，加上这价实在太大，故此只好推辞着如此说。要知道，当时斗米不过十钱左右，一把胡琴要百数十万，当真是吓死人的。

陈子昂早就将这情景看在了眼中。真所谓福至心灵，陈子昂忽然想到，这也许是一个极好的机会。既不必跑权贵之门钻营，也不必与他人拱手作揖，说些自己也未必相信的违心的话，却可以使自己名动洛阳以至天下。他想到了什么办法呢？原来，他见到胡商手中的那把胡琴，又见围观的人群中有官员和很多士人，他就想把琴高价买下，以使众人惊诧。明日租个酒楼，开个胡琴会，采取点出人意外的举动，那他陈子昂的豪气和诗才不就令人惊动，还愁声华不满溢洛阳吗？

于是，陈子昂上前，也朝胡商拱了拱手，朗声道：

“阁下此琴既如此名贵，百十万钱也算不得贵，不知可否相借一观。”

子昂身材不高，貌不惊人，但气度不凡，声音洪亮。他这一表示，使众人都齐刷刷地把目光投了过来，那胡商更是吃惊。到底是走南闯北遍游天下的商人，见陈子昂气度雍容，有股子慑人气势，立刻躬身答道：

“相公相借，当然可以，只是请小心就是。”说罢双手高举，将胡琴递了过去。

陈子昂这时以双手将琴接过，真的仔细观瞧起来。好琴！胡杨木的琴柱纹理密实清晰；琴弦是羊肠细线，柔韧而结实；琴筒亦是胡杨木所雕，凿空为六角形，板薄而坚；筒上所蒙蟒皮柔软而松紧适度，富有弹性；就是那把琴弓，也弯曲适度，马鬃毛系得甚为洁净整齐。整个一把琴，光亮可鉴人。他随手拨了几下琴索，琴发出的声音圆润而响亮，十分悦耳。

陈子昂仔细地查看这把琴，好久，他把头抬起，将目光从琴上移开，缓缓地转着身子，目光从周围人脸上扫过。最后，他看着胡商，说：

“阁下千里而来，带来了如此好琴，我给你百万，将此琴买下。一不负你远涉中原的苦心，二亦可使你知大唐有人，不可心存轻视之意。百万之数，你意如何?”

陈子昂此语才出，立刻惊动了所有的人。胡商眼睛直直地瞪着他，胡商真没想到会得如许多的钱。他本想高出些价，漫天要价，以防人就地还钱，他本意三四十万足矣。不想天地间真有此等人物，竟然不打折扣就一口百万，这实实令他吃惊非小，不由不佩服眼前这个貌不惊人的年轻士人，不由不佩服大唐真是泱泱大国，士人的气度就如此非凡。想到此，他态度立刻极为恭谨，答道：

“相公如此给价，足见气度，就依相公之意。”

周围的人一听子昂的话，就像胡商一样，怔住了。他们知道，百万是胡商漫天要价，但他们真没想到眼前这年轻的士人竟不还价就答应百万。他们一面心中佩服子昂的豪气，佩服他以这样的豪气镇住了来自西域的胡商，给唐人争了气，一方面又似乎有些嘀咕，这个士人是不是有些冒傻气？唉，人世间，这样的聪明人太多了，就是这样！

陈子昂拿定胡琴，又一次缓缓将目光从全场人脸上移过，他看到了惊诧、迷惘，也似乎看到了好些聪明人暗含的冷笑，但他只当没瞧见。他的目光虽从他们脸上扫过，但他的心却早就飞上了高远的天空中去了。

半晌，陈子昂朗声说：

“诸位朋友，在下买得此琴，想必大家都想一聆妙音。在下虽于奏琴未称精妙，但粗通琴技。明日在下于洛阳大酒楼开赏琴会，敬请各位士子名家赏光，如有亲朋，亦可邀集。”然后，他对胡商说：

“请将琴装好，随我到客栈中取钱。”

陈子昂领着胡商走了。围观的士子和一些小官员也渐渐地散开了，只是他们都不明白这个年轻士人到底想干什么，互相议论着，摇着头。不过他们约定，明日一定去大酒楼，看看赏琴会，对那些不知情的朋友，还得去打个招呼呢。

十三　名动洛阳

初春的洛阳还有料峭的寒意。但洛阳大酒楼今日却是热气腾腾。梓州射洪县的举子陈子昂今日在此开赏琴会，消息昨日就传遍了全城。一大清早，就有各地来赶科考的士人三五成群地赶来，直到巳时还有人不断地进入大酒楼，这个酒楼怎么不格外热闹呢！

陈子昂主仆早就到了。今天陈子昂唱主角，装扮一新。为了达到预期的效果，他昨晚一夜未睡，将平日作的诗文赋抄了好些，又想好了今日的“发言提纲”。现在，这位主角正站在楼上的雅间，透过窗子上的棂格子往外瞧着呢！整个大酒楼已被陈子昂包下了，他下了大本钱，一定得把戏唱好。所以别看他外表平静，可心里真是如小鹿乱撞一样不得消停。

午时到了。大酒楼两层宽大的屋厅堂，大小四十余张桌子都坐满了人，约有二百余人。这些人中，大部分是各地赶考的举子，还有十余位不知什么官阶的官员，其余二三十位就是洛阳城里所谓的“知名人士”了。大家来到酒楼，被店伙热情引导，安排在座位上，可主人迄未露面，不由心中不住猜疑，于是就不免面带焦急和疑惑，左顾右盼，轻声地叽叽喳喳。

“诸位朋友，蒙大家赏光，在下有礼了！”突然在楼梯中上部，一个宏亮的声音响了起来。楼上楼下，顿时一片肃静，赏琴会的主人露面了。只见陈子昂一身白衣，面带微笑，不住地向楼上楼下的人拱手。他的身旁，仆人抱着一个长方的胡杨木匣子，匣子里装的就是那把百万钱买来的胡琴了。

陈子昂拱完了手，往上走了几级，微微顿了顿，目光飞快地在楼上楼下那些人身上扫了一个来回。他深深吸了一口气，提高了声音说道：

“在下梓州射洪县布衣陈子昂。此次入东都应天子之试，昨日在洛阳市上，市得一把胡琴。今天在此请各位赏琴，亦因而与各位相见相识。请诸位看仔细了。”

说完，他朝跟随的陈安摆了摆手，陈安也乖觉，立刻将琴匣打开，将胡琴取出，双手高高举过头顶，让楼上楼下的人看个清楚。

人群顿时波动起来。胡琴刚一拿出，立刻就有人离开座位，走到离楼梯近的地方。一人动百人随，几乎所有人都移动起来，目光紧紧随着胡琴。人群中传来了不知谁的喝彩：“果然是把好琴！”一下子，“好琴！”“好琴！”的声浪就如波涛一样滚过了整个酒楼。寂静打破了，喧闹声起来了。

陈子昂负手岸立，目光深沉而凝重，注视着人群的骚动。他在等待，等待最好的时机。

一阵小小的骚动，又渐归寂静。就在这时，陈子昂从陈安的手中接过了胡琴。人们的目光集中了，他们等待陈子昂的下一步举动。

陈子昂眼睛放光，凝视着手中的胡琴，然后霍地抬起头，从楼上到楼下扫视一遍。他缓缓扬起胡琴，低沉而有力地说：

“这琴确是把好琴。”

他一顿，接着说：“但它仅是把琴罢了。今日诸位来此，想一睹好琴，现在算是看过了。”

说到这里，只见他倏地双臂一抡，将琴向楼梯的栏杆上抡去。只听一声震耳的大响，那把光亮的胡琴已柱折筒裂，破碎的木片散落在楼梯上。

全场一片令人心跳的寂静。

陈子昂扬起双手，大声说：

“诸位朋友，在下乃梓州射洪布衣陈子昂，数年涉猎经史，撰作文章，欲以赞佑皇图，经济天下，然藉藉无名，鲜被知遇。今日因百万之琴，与诸位一会，诸位何不将惜琴之心，移以惜天下之才，庶几斯文重振，兴致太平。在下不才，数年间成诗文百篇，今日借此一会，请诸位赐教，子昂恭耳聆之，如何?”

言毕，即令陈安将所带锦囊将出，从中拿出诗文之稿，然后送给楼上楼下的士人和官员。百万买琴，已令人不能不叹服豪爽；今日会客而毁琴，言语慷慨，豪气干云，楼上楼下的宾客早就心中佩感了，所以陈安散发诗文稿子，众人都希望得到一份，以饱眼福。他们心里也想，看看这个慷慨的年轻人到底如何。因此，人们拿到诗文稿子，就低头吟诵起来。

“‘兰若生春夏，芊蔚何青青；幽独空林色，朱蕤冒紫茎。迟迟白日晚，袅袅秋风生；岁华尽摇落，芳意竟何成。’好诗！可谓词旨幽深，感慨未已，有阮步兵咏怀之遗味啊!”一个士子频频点头，向周围的几个人感叹着说。

“寄慨遥深，寄慨遥深!”人们纷纷同口称述。

“‘日落沧江晚，停桡问土风；城临巴子国，台没汉王宫。荒服仍周甸，深山尚禹功；岩悬青壁断，地险碧流通。古木生云际，归帆出雾中；川途去无限，客思坐何穷。’羁旅所见，真切如绘，大处着笔，气度宏伟，虽尚有晋宋遗习，亦颇得汉人之意，难得难得。”楼上的官员中有人亦点首赞赏不已，周围之人都拊掌同赞。

此时楼上楼下，一片吟咏品评之声。人们看过了诗文，都被子昂的才气胸襟所征服。他们已对眼前的个子不高，其貌不扬的年轻人另眼相看了。

陈子昂此时又朝上下拱了拱手，朗声说：

“诸位前辈，诸位朋友，在下不才，拙作有污法眼，蒙不弃而至此，实所铭感！今日略备薄酒，请赏光一醉，明日恭候指教，如蒙不弃而加赐，实子昂之幸！”

子昂说完，店伙和陈安等就恭请众人入座，陈子昂也楼上楼下应酬。不一时，酒菜上来，虽不是珍馐玉馔，亦水陆俱备，十分精洁齐整。于是，大家很快就沉浸在饮酒的欢乐之中了。

人就是这样，见豪杰而心折，受奉迎而舒服。子昂的惊人之举早使他们知道，这个年轻人虽从射洪小县而来，但豪气英风逼人，他日定非碌碌无为者；况其诗文，上继汉魏，凌驾六朝，日后天下诗文之变，当由此人而起；再说人家又送诗文请评骘，又请饮酒以尽欢，真是陈元龙豪气不除之流的人物。因此个个都在心中牢牢记下了陈子昂这个名字，准备日后有机会替他传扬传扬。

庶人传语，快如置邮。陈子昂的弃琴会客，在大酒楼还没散席时，就轰传了洛阳城，等到大酒楼席散，更随着与会的人，传得活灵活现，以致弄得好多达官贵人都知道陈子昂这个名字了。

陈子昂的想法初步实现了，他树立了声华，也交结了朋友。他现在的生活就像江上的船一样，正在驶入一条他向往的但却难测前途的航道上去。

十四　结交挚友

从大酒楼返回寓居的客店，陈子昂一夜都没有睡好。躺在床上，他思前想后，脑海中不时浮现出一些关于前途的图景，搞得他很兴奋，也很疲劳。天刚蒙蒙亮，年轻的诗人就再也躺不住了，他穿上衣服走出了房门。

东方鱼肚白的天空中，已透出了朝霞的光芒，料峭春风吹得人不由一震。几只麻雀在树上跳着，叽叽喳喳叫个不停。陈子昂抬头向着东方的天空望着，他的心似乎也随着那不断加强的霞光而激荡起来。望着麻雀，他想起了《庄子·逍遥游》中的鸺鹛，他不能那样，他一定要像大鹏一样，从北海至南海，横天而过，就是不能像大鹏，他也要如霞光如流星，发出耀眼的光彩，划空而过。他要燃烧掉自已，给这个世间留下一抹光明。是的，宁愿作流星霞光，一定要留下光明。似乎是下了决心似的，陈子昂挥动手臂，向东方的霞光举起了双手，他要拥抱霞光，拥抱光明。我们主人公的人生之路好像已经确定了。

草草吃过早餐，已是辰时过了大半了。陈子昂坐到了桌子旁，他决定今天不出门了。他要温温书，练练笔，给十天后的考试做点准备，同时他的心里似乎在希冀着什么。

刚打开《论语》，陈安就喊："公子，有客相访!"陈子昂整了整头巾，拂了拂衣衫，迈步走向房门。

门外是两个官衣相公。这两个人，一个是东莱人，名王无竞，字仲烈。此人长陈子昂九岁，相貌壮伟，仪凤二年（677年）中下笔成章科，被授赵州栾城县尉，任满转监察御史，此时正在洛阳。王无竞文才甚好，颇称能诗，是朝中有名的才士之一。他是从熟识人的口中知道了昨日子昂毁琴会友之举，又见过了他的诗文，动了怜才觅交之心，故此大清早就来访子昂了。另一位是汲郡人赵元亮，字贞固。此人年纪比王无竞稍长，相貌清奇，本籍河间，因祖父赵掞为隋代大儒，开皇中被征为学士，补授黎阳长，遂家于汲。赵元亮学不常师，志在遐远，年27，始游东都，以其风标和家学志趣，有名而籍甚，使很多名流都与之结交。后求仕，为幽州宜禄县尉，亦是任满回京任职。昨日得知陈子昂所为，惊其豪爽雄杰，又见诗文风骨遒劲，亟欲相识，故亦侵晨造访，于途中遇王无竞，二人遂结伴而来。

子昂一见二人，深施一礼道："不知前辈辱临，尚请恕罪未能迎迓。"只见赵元亮哈哈一笑："陈君豪杰之士，何必做此俗人之状。我二人心感君之英风豪气，且佩服君之诗文，故造次相访，有所唐突，君不见怪，足矣。"说过，执陈子昂之手就进了房中。

客居中的书房不大，但整理的还算洁净。只见书桌上摆着《论语》、《诗经》、《尚书》、《孟子》、《春秋左氏传》，还有《道德经》、《庄子》以及《史记》、《汉书》、《后汉书》、《三国志》等，放着几张写了字的笺纸。王无竞、赵元亮二人坐下，一见笺纸又站了起来，拿在手里把玩。王无竞说；"想不到陈君年纪轻轻，不但诗文作得好，字也写得遒丽有气势骨力，字如其人，字如其人啊！"

陈子昂忙说："前辈过奖。仆于书道未能多加研习，信手涂抹，不入法眼。”

“非是谬赞，实是有所见而发。当今书法，自先太宗倡王逸少，举世习之，却渐入滑媚，不见骨气，已失逸少飘逸灵动之气，只剩下熟滑俗媚之态了。君书结体端直，勾勒有力，笔锋藏而神气现，有骨有势，不可多得，何必过谦。”赵元亮正色解说，子昂也就不再说什么了。

虽说初次相见，但古人说得好，惺惺相惜！惟英雄才识英雄，惟豪杰才惜豪杰，惟才士才知才士。心地龌龊狭小的人，能识英雄才士，能容英雄才士吗？古往今来，俱是一理，何曾有什么对错！

三个意气相投的朋友，坐在一起，一边品尝着仆人陈安送上的四川好茶，一边高谈阔论起来。这样的谈话从来都是没有固定范围的，就像喷薄而出的泉水，行所当行，止所当止，虽婉曲回旋，却尽人情理，倒是袒露心扉，展示真面的好机会。

赵元亮年纪较大，首先开口：“伯玉，”他直称陈子昂之字，目光深沉凝重，“你的诗中孕含着郁勃之气，读之令人胸中不觉就翻腾起来，这真是金声玉振。可你得知道，现时人们都还学上官体，对你的东西未必很看重哩。”

王无竞接着深叹一口气：“诗文倒也罢了，只是这眼前的政局，就让人感到不知所措。伯玉，你此番应试，可得小心应付，不能大意啊！”

三人默然。他们当然都知道宫廷中正在经历着极大的动荡。凭诗人们的敏感，他们知道将来一定会发生许多事，但又有什么办法呢？他们当然不是正统主义者，则天皇后的行政能力他们已见过，问题是，李唐王室的一些人能认可则天的举动而不有异动？武氏的那些人他们也很清楚，他们哪个是治国的好料子？但他们也同样清楚，武则天无论如何是要掌权的，只要掌得好，他们倒没什么想法，只怕要引起极大的纷争，恐怕要流血死人的。中国古代的士人，其实倒是相当通达的。他们受儒家孔孟的思想教育，只要行道，谁做皇帝那倒是无关紧要的。当然要说他们没正统观念，也未必现实，相比起来，行道这一面似乎更重要些。

倒是陈子昂先打破了沉寂，“二位前辈，我看则天圣后数年以来，精明干练，只要天下安定，则是苍生之福，我等只能尽行道之责，至于宫闱中事，任他们去吧。”停了一停，子昂又说：“我等且不说这些，以免搅了我们的雅兴，难得尽欢。”

赵元亮和王无竞笑了，他们真喜欢这个豪爽直露而又充满活力透出才华的年轻人。于是话题又转上诗文，那气氛可就热烈多了。

赵元亮、王无竞二人年长于陈子昂十余岁，陈子昂对他们相当恭敬有礼。这使二人感到不自在，还是赵元亮起头，哈哈笑道：“伯玉，不必拘泥于俗礼。你我三人相识相交，贵在相知，贵在同气，就做个忘年交的朋友吧！若是拘于俗礼，岂不生分了。”王无竞亦说：“赵兄之言极是，你我相交，是相知相感，不能被俗礼拘制，若不，可真就让人气闷了。”

看到这么坦诚的人，子昂的豪侠本性又被激发出来。他站起身来，一躬到地，说道：“既蒙二位兄长不弃，那我就放浪形骸了。今日得识二位兄长，实我出川以来最大乐事。二位兄长不可弃我，今日就让我们三人痛饮三百杯，以畅胸怀。”

赵、王二人相视而笑，笑声中透露了欣喜和满足。他们知道，他们真交上了一个可以相知相托的好朋友。

子昂招呼陈安和店家，搞了数品精致小菜，就在客居的小书房中痛快淋漓地饮起酒来。那情景，就不必细加描述了，总之是兴高采烈，言辞慷慨，襟舒胸畅，甜美异常。

旧时代朋友是人伦五伦之一，讲究信义二字，他们倒不大看重什么金钱那套东西。

酒逢知己千杯少，确实。陈子昂今日相识了二位挚友，畅怀不用说了；赵元亮、王无竞今日得交如此豪侠之友，亦大慰平生。三人推杯换盏，一边痛饮，一边阔论，真是人生一大乐事啊！不知不觉红日西沉。当最后一抹夕阳的光彩从屋里消失的时候，三人才惊觉一整天过去了。无论是谁都看得出，这三人虽说尚未过于失态，却可说酒喝得有点过量了。赵、王二人起身告辞，子昂似乎意犹未尽，不过想想也就算了。就这样，三个好朋友度过了一生中少有的欢快的一天，他们大概会记一辈子的。

自此之后，陈子昂住的客店中，时不时有人来访，不过可说的倒不多，不提也罢。

十五　金榜题名

时光荏苒，转眼就到了礼部考试的时候了。

唐代科举，说道甚多，唐人李肇《国史补》中记述颇详，这里不说了，读者有意，可以自己找书看一看就是了。

三场过后，子昂觉得自己经义策问都答得不错，他相信这一次自己一定可以考中进士，获得一个行道济世的机会。

也算皇天有眼。放榜日，子昂领着陈安来到礼部大堂前，只见那里早已人头攒动，拥挤不堪了。唉，天下士人就这么样的狂热。不过话得说回来，那个时代你要行道济世，考进士入仕是非走不可的路，否则你一介草民，能干什么？所以尽管进士中有人并不算好东西，但不少人还是抱着行道济世的期待来参加考试的，而进士中确也出了不少人材。这种考试今人多有微词，不过总的说，比士族门阀的用人之道好多了。考试虽未必是最好的，总比内定了用人的办法强上百套。它总算还给那些没有大靠山又不能走后门的寒素之士一个机会。那些抨击科举考试之人，也许是有靠山可以依恃，有金钱可以买官的权贵富豪。考试不管用，学历不管用，只凭某些人的口就任人为官的做法，难道比考试好？稍微有点知识和良心的人，都能做出正确的回答。不过有些人故意绕着弯子，烦琐至极地罗列些所谓的材料，来证明考试不好，真不知他们生着怎样的心思？

时间尚早，礼部放榜要在午时。陈子昂心中忐忑不安，不知这次又会如何。虽然他自己觉得字写得好，文章作得好，可谁知那考官会怎么看怎么想呢！于是，他不愿与那些人挤在一起，他远远地看到一个茶馆，就领着陈安踱了过来。他要了一壶茶，内心翻动表面却平静如水地等待着那一刻。

二月底的洛阳，天气已经变暖了。洛阳为天下之中，南北地气在此交汇，因此最得天时地气之先。每年春分以后，这里就有了融融暖意。进士放榜之时，节令已近清明，杨柳已吐出嫩芽，放眼望去，一片鹅黄。明媚春光，本是畅怀尽兴的好日子，可眼前的士子们却都无暇观赏这大好的春光，他们都被搅得心神不安。

你看，聚在礼部大堂门前的举子，可谓千姿百态。有的来回踱步，一刻也不停歇；有的倚着墙，目光黯淡；有的双手都不知往哪儿放，一会儿托腮，一会儿搓手；还有的几个熟人聚成一堆，却又不知说什么好，神情呆滞。总之，放榜前的时刻，对大多数举子来说真是难熬得很。

“咚——咚——咚”，沉闷厚重的鼓声传了过来，午时了。只见礼部大堂的门一下子打开，接着衙役书吏们便走了出来，跟在后边的是一个礼部下级办事官员。他手上举着一块硕大的红牌牌，显然这就是所谓的“金榜”了。他后边跟着两个地位稍高一些的官。拿红牌子的官员走出大门，士子们的眼光都被那个红牌子吸引了过去。他们盯着，朝前涌动，不过却静得很。举子们都可以听到自己狂野的心跳。

“站住，等挂好了再看!”寂静中，衙役们朝涌过来的人大喊。

还真管用，人们停止了涌动，但他们的心却似乎更难以控制了。

终于，红牌子挂好了。在阳光下，围在四周的那圈金色的边框闪着耀目的华彩，这大概就是名次榜被称为“金榜”的缘由之一了。礼部的人等榜挂好以后，就在榜下肃立，这是规矩。可此时，刚才还急切涌动的人群却停了下来。好可怜的人儿哟，似乎这个榜决定了人们的生死存亡一样，那些举子们，甚至连走近的勇气也不足了。

说实话，对那时的士人来说，这个榜确实是生死之判啊！上面有名，就可以到吏部面试，然后授官，即使没有任何靠山后门，大小总有个官当当，从此人就成为高高在上的人了。时运好，又懂点鬼道眼的，那前途还真难以估量，最不济，熬些年，县令、刺史总是跑不掉的。上面没名，那就惨了。不但无路入仕，就是这一生的前途也是暗淡无光了，家境好的还可以，那家境差的，可就难以翻身了。此外，家人的悲伤，亲戚的冷眼，世人的嘲讽，对他们都是极大极重的压力。不能考中的打击，甚于雷霆啊！这些举子都有些惧怕，真是情理中事，毫不令人奇怪，只令人心酸哪！

但惧怕归惧怕，看却总是要看的。十载寒窗，图的是什么？不就是要争个金榜题名吗！就是上面没名，也得看清楚了才能死心。实在没有，那就只好再等下一次了，只好再读再熬，能有什么办法呢？

人群聚到了榜下，大都无声地默读着。只见一个人匆匆从头往后看，看了一遍，揉揉眼睛再看，一连看了三遍，终于一声凄厉地哀叫：“老天！老天！你真的没长眼吗？”然后就跌跌撞撞地冲出人群，扑到了地上。又一个举子，默默地看了几遍榜文，默默地转过身来，抬头望着苍天，良久不语，豆大的泪珠从脸颊下流了下来。如此等等，不一而足。

今科赶考的举子有二百余人，榜文上只标出了二十几个名字，不中的还是大多数。因此，不大功夫，聚集在榜下的人大都就在长吁短叹、哀叫呜咽以及种种悲伤哀怨声中散去了。众人拥挤的时候，陈子昂站在茶店的门口，没有移动，看着大多数举子的悲哀举动，子昂的心中也不免阵阵收紧。他虽然颇有信心，但这时也不能不紧张。

现在，他来到了榜下。他抬起头，略过开头的官话，直瞅人名。三鼎甲没他的名字，头十名也没有，他不免焦急，耐着性子往下看。在将二十名的地方，他终于看到了“陈子昂”三个字，下注“梓州射洪县”几个字。乍一见到这几个小字，他的头一阵眩晕，好像血都冲了上来。他贪婪地看着这些字，一遍又一遍。

不知几多时候，他猛然醒了过来。他转过身，双手用力地一击，喃喃说道：“终于中了！终于中了！老天有眼，皇家有道，祖上有德，我终于中了！”他兴奋地向陈安挥着手，兴奋地向上举着双臂。他觉得自己突然间有了很大的力量，他觉得自己的肩膀可以担上千斤的担子。他的脚步轻捷矫健，踏在地上铿锵作响。“我可以行道了，我可以展示才华了。我要像古圣先贤学习，我要做个名臣，做个有功于天下的名臣！”陈子昂脑筋飞快地转着，一个念头接一个念头。他尚不知仕途艰难，不知什么命运在等着他哪！

陈子昂兴奋了好半天。等回到下榻处的时候，他特意要了菜，要了酒，凭着兴奋，他喝酒比平时多了一倍。

中进士叫春风得意。发榜以后，接下来就是同年相见，拜见座师，金殿陛见，披红游街，杏林赐宴，搞得人很为紧张。朋友间也都来道贺、请酒，这些都不必细表。十多天之后，才算安定下来。但吏部关试还未过，还要再等些日子才行。可就在这时，朝廷有了事情，陈子昂倒真的实现了自己做名臣、做直臣的想法。他上了一道奏章给武则天，自此投入了政治活动中去。他丰富多彩而又艰难坎坷的一生，从此真正切实地展开了。

十六　谏灵驾入京

陈子昂中进士以后，吏部尚未授官以前，朝廷上出了一件“大事”。原来，上年十二月，唐高宗李治死了。此时已过百日，就有个灵驾是发往西京，还是暂放东都的问题。依武则天的意思，这灵驾要迁往长安。朝中大臣有人以为是时将近春耕，灵驾一动，势必征调民夫，加上护驾队伍庞大，沿途供给必颇劳费，建议等春事稍停，再做打算。还有一些人附和武则天的意思，说大帝之灵驾，乃最重大的事情，其他的事都不能阻隔。大帝灵驾回京，是应该的，春耕不春耕什么的，供给的事情，都是小事，不能妨碍灵驾西行。这两种意思，都说自己有理，一时争执不下。

陈子昂知道了这个情况。他认为这是自己行道尽忠的机会，也是展示才华智慧的机会，于是连忙写了奏书。

这奏书，后人编文集时称之为《谏灵驾入京书》。因此时尚未授官，所以开头称“梓州射洪县草莽臣陈子昂”。这篇奏书，开头之后就说：“臣闻明主不恶切直之言以纳忠，烈士不惮死亡之诛以极谏。故有非常之策者，必待非常之时。有非常之时者，必待非常之主。然后危言正色，抗议直辞，赴汤镬而不回，至诛夷而无悔。岂徒欲诡世夸俗，厌生乐死者哉。实以为杀身之害小，存国之利大，故审计定议而甘心焉。况乎得非常之时，遇非常之主，言必获用，死亦何惊。千载之迹，将不朽于今日矣。”真是言辞慷慨，意气飞扬。这一段话，称武则天为“非常之主”，自许为“烈士”，表明自己将不避诛夷而极谏尽忠的意愿，想以此辅武则天至盛明之世的理想，并表明了自己想以此博取千古不朽的期冀。

这段话，不仅可以看作陈子昂此一时的想法，更可以看作是他入仕从事政治活动的总体指导思想。年轻的诗人就是这样充满激情，也充满了希望。奏书中对唐王朝的当时形势，也做了详细的分析，指出了当时“流人未返，田野尚芜，白骨纵横，阡陌无主”的现实，分析了灵驾西迁扰民妨耕，必将造成三辅骚动局面的前景，要求武则天以天下为重，以安民为急，深思熟虑，不可轻举妄动，以致一旦之祸。

这篇奏书，言辞犀利，分析透辟，是一篇不错的文章，显示了陈子昂过人的见识和他以天下苍生为念的政治态度。

不知是由于奏书写得激切有理，还是什么缘故，武则天看过之后，就决定召见这个上书人。有司把这个命令传达给陈子昂，陈子昂简直就不敢相信自己的耳朵。他乐坏了，也有些不安。

过了几天，陈子昂按照安排，来到了武则天在东都的行宫。

东都行宫就隋的洛阳宫而增建，虽没有长安的皇宫那么大，也是颇为壮观的。外围一道红墙，内里殿宇高耸，烟霭缭绕，绿树掩映，说不尽雍容华贵，气象万千。

接待的官员将陈子昂引入了行宫，经过很长的路，过了两道宫门，陈子昂在一个宽大的院子里见到了一座宫殿。这就是唐高宗和武则天在洛阳接见朝臣、处理政务的地方，名叫金华殿。殿的基址有三层，每层约三尺，正面有台阶通上去。上面是一个圆形的平台，很大，直径在九丈左右。平台南北正中，就坐落一座大殿。

陈子昂上到平台，走近了殿门，就在一旁肃立。这个平台上，四周站着数十个侍卫亲军，一个个手按刀柄，两眼圆瞪，随时都会扑向任何人。殿门两旁各站四名侍卫，还有四个太监在门前侍候。此时平台上站了不少朝臣，大概是等待召见的。他们互相很少说话，只在小范围内来回走动着。他们见上来一个白衣青领的士子，都不免诧异，引起了他们一阵交头接耳小小的骚动。

“梓州射洪县陈子昂觐见！”一个太监大声喊道。

周围的人们一下子好像知道了什么，都把目光投向了殿门。陈子昂略一抖袖，便迈大步跨入殿门。

大殿有些阴暗。只见正中的龙椅上，则天皇后端坐。则天皇后看上去有四十余岁（实际已经五十多岁了)，头戴凤冠，身披衮服，两道眉毛棱角分明，双眼闪光，很有点不怒而威的架势。

抢进两步，陈子昂跪倒丹墀，口道：“梓州射洪县草莽臣陈子昂恭颂天后万岁！”

停了一会儿。“你叫陈子昂，抬起头来。”缓缓然而自有威严的声音，从武则天口中发出。

陈子昂抬直了上身，抬起了头，但过了一会就又把头低下了。

“你的奏书，写得不错。”顿了一顿，“灵驾西迁，返回长安，乃先帝遗愿，你可知道?”

“臣不知！”子昂如实回答。

“你说的也有道理。外间情形，从何得知?”又是问话。

“外间情形，乃臣入东都沿途目见，臣之朋友亦多有所知。”子昂又如实回答。

“嗯。”这次停的时间更长了，只见武则天顺手拿起龙案上摊开的奏书，看了两眼，把目光又投向了跪在地下的陈子昂，“奏书中气概不小，想来你是有心为朝廷办事的了？”

“此臣夙愿，甘为陛下肝脑涂地，以效忠诚！”子昂诚惶诚恐，却极真切地说。

“嗯，好！听说你考中了进士，据奏书看来，你的文章定然不错。你文章暐烨，质地英灵，将来可替朝廷多做些事，不可荒怠。当今正是朝廷用人之际，你要善自为之。”停了一下，武则天不等陈子昂回答，就向两旁看了看，又说：“你下去吧。”

“是。恭颂陛下万岁！”陈子昂跪着请了圣安，立起身来，低着头，缓缓地退出了殿门。

总共不过几分钟，但这几分钟在陈子昂心中激起的波澜却大得很。他对平台上那些人瞧都没瞧一眼，只在心中反复品味武则天那几句话，迷迷糊糊地就随着引领人走出了行宫。

回到客店，坐在椅子上，陈子昂眼望着屋顶，琢磨起来。

“文章暐烨，质地英灵。陛下是看重我的，她看中了我的文章，也看中了我的忠诚。我得肝脑涂地，以求报答圣恩啊！”陈子昂想。

“外间传言陛下为人城府很深，阴有异志，恐是不实之辞。我看陛下慧眼识才，爱才若渴，对先帝也不错，怎么会有传言呢？……不管怎样，我看陛下是非常之人，我要好好干，跟着陛下干，我要立功，以求不朽。上报陛下，下荣祖宗，尽心竭智，固社稷，济苍生，安天下”。陈子昂越想越兴奋，他以为他真找到了一条兼济天下，可以图不世之功，立不朽之名的途径了。

中国的士大夫往往都是如此。他们在儒家治国平天下以求立德、立功、立言而不朽的思想指导下，初入仕途，用世之心极为强烈而急迫，一旦得到了君王的赏识，他们就会舍身忘家，真正做到捐身以利社稷，尽忠以报君王，这是他一生都解不开的情结，心理死结。就是在中年以后，仕途混长了，知道在那个制度下仁政理想根本实现不了，君王也未必圣明，在倾轧中失败，退居田园时，他们也一面唱着“身与大化俱，委运任自然”的调子，一面不能忘情于朝廷，身在江海，心存魏阙，真说出了他们的心态。陈子昂当然也逃不过这个既定的路子，不过此时他刚被知遇，感恩图报和济世之功的愿望更强烈罢了。

这一夜，陈子昂辗转反侧，不能合眼。

此后几天，他每天都焦急地等待着吏部的文书，他觉得圣母天后都接见了自己，总该有个可以展示才能的安排吧！

十七 麟台任职

经过一个多月的等待，吏部的文书终于下来了。陈子昂被授为麟台正字之职。

麟台，就是秘书省。东汉桓帝时置秘书省，典司图书秘籍，以秘书监为长官，少监为副。唐高宗龙朔二年（662 年）改秘书省为兰台，高宗卒，武则天垂拱元年（685 年）又改兰台为麟台。正字，就是校书郎。唐代置八人以校雠（chóu，音仇，校对文字）典籍。这是一个官位甚低，又不能直接参与政治活动的散官之位。

陈子昂本来抱着热切的期望，积极的态度，等待任命参与政治活动的。他觉得自己中了进士，更得武则天垂问，又有声誉在外，怎么的还不得弄个御史这类可以纠弹官吏的位置干干，如今却弄了个正字让他干，他那个窝火憋气就别提了。

他想不明白，为什么会这样。他心中直嘀咕，这可怎么办？这一闲下去，不知何时才能有出头的日子，自己的理想，行道致君济民一大套想法，如何实现？刚入仕途的陈子昂，等于被浇了一盆冷水，他虽然不明白，为何会如此，但他似乎也隐隐地感到，仕途并不像他想的那么美好，前途还许有更大的艰辛。

憋气归憋气，窝火归窝火，这个正字还得作，否则就连这个机会也没了。好在正字虽然位微职闲，总算是朝官，住在京师皇帝身边，总可以找机会对朝政发表点看法。

陈子昂上任了。

麟台衙门冷冷清清，比起其他的官署，简直是马尾穿豆腐，没法提了。表面上看，清高之地，监、少监都选有文才的人担任，就是校书郎也都是饱学之士，冷丁一听，好像挺重视这个地方似的。可实际上呢，这个官署一不管钱二不管物，只管那些吃不能吃用无大用的典章书籍，一没权二没势，人家谁也不用你，你却得用人家。因此朝臣中只有那些失势的人才来作监和少监，也只有那些没后门没靠山的小官才会被派来校书，稍有点门路的都不会来这里受冷风吸凉气的。

麟台整日无事可干。勤快的人就是抄抄书校正校正文字；不勤快的，干脆就不必来。那时没有定额管理，干不干一个样的。陈子昂初来乍到，倒还满守规矩，只不过枯燥乏味的工作实在提不起他的兴致，他还是挺注意朝廷动向的。

既在朝为官，就有交往。子昂此时结识了朝臣中一些人，如前已结识的赵元亮、王无竞，还有新结识的陆余庆、房融、崔泰之、韦虚己、宋之问、崔融、处士郭袭征、道人史怀一等人，就中，子昂与赵元亮、卢藏用交契最厚。

这一年的夏秋之交，太子司直宗秦客，在金谷园大集宾客，置酒为欢。这个金谷园，原是西晋时石崇所置，位在洛阳之西的金谷涧。石崇当时是一个豪奢的人物，所行殆同强盗。他当荆州刺史的时候，竟要部下装作土匪，公开抢劫过往客商，以此集聚了大量财富。后归到洛阳，就选了金谷园。园中遍植奇花异卉，珍奇树木，依山水形势，修筑了华美精雅的楼台亭观，石崇经常在此大宴宾客，极声色之娱。不过富贵无常，石崇后来因是贾谧的二十四友之一，贾谧被赵王司马伦所诛，他就被怀疑和追究。

正赶上石崇有个爱伎绿珠，被司马伦部下孙秀看中。石崇不予，秀强逼，绿珠坠楼而死，孙秀就大说石崇坏话，于是石崇就两罪并一，被司马伦杀掉了。金谷园此后荒没不整，隋时为人所得，曾加修葺，此时园被宗秦客所得，所以他在园中宴客。

此次聚会，到的人可不少。朝中多少有点声名的人，大部分都到了。宗秦客不是别人，是武则天从父姐姐的儿子，他与其弟宗楚客都是武则天的宠臣。此人善于奉迎，与武三思关系甚好，而且也能作文吟诗，当时颇称风雅。他请客，有些人想来还来不了呢！陈子昂被请，当时就只能出席。说实话，陈子昂一心想投入政治中去，像宗秦客这样的人，平时难得说上话，现在他请你，正合心意，哪能不乐呵呵地来呢？

席上，宾主尽欢，不必细说。

酒至半酣，宗秦客说道："今日盛会雅集，不减当年风流。往时金谷饮宴，必有诗篇，风流可味，文采可赏。今日盛会，岂可无诗无赋？就请诸位各以座上一物为题，或诗或赋，以观文采风流，以志千载之盛。"

此语一出，立时得到响应。于是，命仆人立时将文房四宝取出，安放齐整。诸人便琢磨如何写诗作赋了。

依次作诗作赋，情况煞是热闹。文才有高有低，文思或迟或速。有的攒眉苦构，有的略思便咏，大家纷纷扬扬，一片忙碌。

陈子昂略假思索，便以座上麈尾为题，作了一篇赋。

这篇赋从天育万物，万物性命变化如丝如棼而起，赋及灵兽之罹殃失尾，充吉人之嘉物，而归结为"命不可思，神亦难测，吉凶悔吝，未始有极"，提出了"天之神明，与物推移，不为事先，动而辄随"的思想。意旨深远玄妙，颇得老庄之学的好处，使赋意不落俗套。文辞铿锵，音韵谐调，虽咏麈尾细物，却能言及性命，过渡自然，顺理成章，确是佳作。

宗秦客见陈子昂走笔如飞，不一时就写完了，文不加点，一气呵成。就要过花笺，高声吟诵起来，一边诵读，一边赞好。诸位宾客，有的已作完诗赋，有的还在构思，一听子昂此篇赋文，都感到自己的作品似乎失去了光彩，不由赞道；“好赋，好赋。意旨遥深，文辞清丽，要言不烦，归于大道。伯玉此赋，可为此会压卷啊！”

陈子昂以他的才华文思，又一次赢得了赞扬，他心里既高兴又有些悲凉。高兴的是，自己终是有才华的，这才华已被人们所知，也许会对自己济世之愿望有帮助；悲凉的是，自己的才华非仅能写诗作赋，这种雕虫篆刻之小技，是壮夫不为的，自己的目标并不在此，可惜此点并不被人认识。于是，子昂轻轻地笑了笑，他回到座位上，又喝起了酒。这时酒中的味就有些怪怪的了。

金谷宴集之后，又回复了往常的样子。陈子昂照常到麟台去读书校字，只是他一时也未忘记他的使命，时时感到一种冲动，也时时产生无奈的感慨。

十八　风舍论奏

陈子昂又等来了一个非常令人羡慕的机会。

永淳二年（683 年）十二月，唐高宗死于洛阳行宫真观殿，武则天加紧了篡唐自立为皇帝的步伐。她虽命李显即位，却临朝称制，第二年（嗣圣元年 684 年）二月，就将李显废为庐陵王，幽于别所，将皇太孙李重照废为庶人。这一来，她就将李治安排的预防她篡唐的计划完全破坏了，武则天胜利了。说实话，唐高宗李治这是咎由自取。想当初，朝中大臣包括他的舅舅长孙无忌都劝他别立武则天为皇后，可他鬼迷心窍似的，非立不可。立了以后，武则天就插手朝政，任用武氏一族以及那些谗谀之徒，日夜谋夺李唐朝廷。李治不能治，只好任其所为，终于弄到共同坐殿，并称二圣。后来，他知道自己死后，李氏子孙就要完了，就立太子、太孙，可有什么用呢？李唐王朝的中变，完全是李治这个庸人的过错。当然，武则天是相当有手腕有心机的人，否则怎能如此呢。不过要是李治强一点，局面还不至如此。大概李世民的子与孙，该有这一劫吧。

李显被废，豫王李轮为帝。不久，徐敬业兵反扬州，旋被诛灭。公元 685 年，武则天改元垂拱，义取垂衣裳拱手而天下治的意思。李轮实际上是个十足的傀儡，朝政完全在武则天的手中。

也许为了把天下治好，也许为了装装门面，武则天屡向臣下征求意见，让他们提出治天下的办法。陈子昂本着兼济之想，也曾贡献过想法，这些似乎在武则天的脑子里留下了印象。

垂拱元年十一月十六日，武则天召见陈子昂。这又是一次殊荣，陈子昂精神抖擞，进了金殿。

三呼毕，陈子昂低头跪在地下，等待圣母皇太后的问话。

"陈子昂，你的上书我读过了，还算不错。"武则天慢条斯理然而含威地说。

"微臣感激陛下的赏识，敢尽微薄之力以助朝廷化行天下，陛下明鉴。"陈子昂极力表达他的感激与忠诚。

"好，朝廷就需这等忠贞之士。"

"臣万死不敢怠惰，定尽忠图报。"

"现在天下议论纷纷，朝廷推行治化，当以何事最急，你想过吗?"

"微臣想过。"

"好！你去凤阁，赐你笔札，把你想的天下利害之由条陈上来，备朕观览。"

"遵旨。"

这次召见，正当天下动荡，徐敬业刚被平定不久，武则天显然把陈子昂当成了一个可以信任的人，其用意是要他提些办法，以应付当时天下纷然的局面。

陈子昂被引领到了凤阁政事堂。这凤阁就是朝廷机要之地，职掌草拟诰诏、取旨的机关，以前叫中书省。中书省的长官是中书令，次长是中书侍郎，还有中书舍人等。武则天临朝称制以后，嗣圣元年（684 年）正月改元文明，九月，又改元光宅，接着就易服色，改官署之名，显示了篡唐的信号。当时把中书省改称凤阁，门下省改称鸾台，尚书省改称文昌，御史台改称肃政御史台，其余各部、寺，都改换了名称。因此，陈子昂来到的凤阁，就是中书省。其时凤舍令是裴炎，侍郎是刘祎之。

陈子昂到了政事堂，只见那里早就摆放好了笔墨纸张，还有凤阁几个办事的官员。官员见陈到来，就请他自便，说完拱手而退。于是陈子昂便握笔而书，很快就写好了一个条陈。

这个条陈，后人编文集时题名为《上军国利害事三条》。哪三条呢？就是出使、牧宰、人机这三条。为什么说这几条呢？因为当时武则天准备派使者巡行九州，可人还没出朝，就朝议纷纷。陈子昂以为这是选人选得不好，把出使的事看轻了，这样不负众望的人作使者，就黜陟不明，刑罚不中，朋党者进，贞直者退，白白浪费人力送迎，因此陈子昂要求武则天重视人选，否则就不如不派使者。这是所以谈出使的缘由。第二条讲地方官，陈子昂认为当今宰相还算得人，但地方刺史县令，大都不得人，这就为祸天下，不能使天下臻于治道。为什么会不得人呢？因为任官只靠资次，不能超越简拔，庸人得进，有才能之士反倒不能上去了。陈子昂说宰相尚可，因为宰相是武则天亲自挑选的，不能乱说的；但他说地方上庸人多，这恐怕是实情，什么时候都差不多。庸人得过且过，反倒占便宜，庸人一多，才能之士就更上不去了。这是谈牧宰这一条的缘由。第三条讲百姓人心的。陈子昂以为百姓不安则天下不稳，不稳则乱。要使百姓安居乐业，他指出五六年以来，天下或被兵革，或遭天灾，百姓有流离分散的，幸亏武则天采取了措施，才使人心稍安。陈子昂说，现在朝臣中有人贪夷狄之利，以广地强武为威，谋动甲兵，这是不顾危机，决不可行，不能学隋炀帝那样伐高丽开边衅。这第三条是针对当时的形势，强调以安内为重的。

陈子昂所论三事，确都是当时应加以留意的问题。奏书上达，武则天也以为然。不过，武则天自有打算，却并未对之十分重视。

十九　壮志未伸

陈子昂在中书条陈利害，满以为会得武则天赏识，加以委用。但奏书上去，如石沉大海，再也没有消息，这使他感到有些沮丧。

陈子昂对武则天，是要竭忠尽诚的。当武则天临朝称制时，天下纷然，议论蜂起，很多人认为武则天就是篡夺，陈子昂却用心尽力为武则天出谋划策，屡上奏书，就行政所宜贡献意见，表达忠诚。奏章中，对武则天称颂备至。这是不是陈子昂为利禄而不顾人格呢？不能这样说。我们知道，陈子昂是以兼济天下为己任，他的入仕和他入仕以后的奏章，都贯穿了安天下利元元的思想。陈子昂的对武则天忠诚，是要取得信任以行道，不是为了名位利禄的。或说，陈子昂在天下纷纷议论武则天的时候，却献忠心给武则天，这不是违背正统，逢迎求进吗？话也不能这样说。陈子昂正因为以兼济天下为己任，所以他不管谁做皇帝，只要能安天下济黎民，他都会忠诚，况且武则天是唐高宗的皇后，现今皇帝的太后，她临朝十几年，现在临朝称制又有何不可呢？这根本就不能说什么违背正统，也不是逢迎求进。

但是，正因为陈子昂考虑问题是从大处着眼，所以他谈论起来都是国家社稷的大事，而不是那种维护一人一姓的事情。也正是因为如此，所以他没受武则天的特别重用。因为武则天的当务之急是如何篡唐自立，她需要的是在这上头能为之出谋划策同时又有一定声名的人，而陈子昂虽有才华却不知附会，只能迂阔地讲大道理，因此他虽受特殊召见却终于不见亲信之用。

这个事情，陈子昂没想明白，所以他感到不理解。自己屡进忠言，陛下也召见两次，怎么不委以重任呢？他就没能“脑筋急转弯”，从别的地方想一想。这真是一种悲哀，这也是正直的士人的通病。不过，这其实正是他们可爱之处，也是他们令人同情、令人景仰的地方。古今同理，天下一揆。这不是他们思想上不懂治国平天下的道理，也不是他们的思想不合时用，不是的，这主要是他们没有如一些人那样揣摩透君主的心思。陈子昂如此，后来的李白、杜甫等人也是如此。

陈子昂感到苦闷，他不知怎样才能真正地实现济天下苍生的理想。但他又无法把自己的心理向别人坦白地讲出来，所以他便在上朝之余，不是去北邙上闲逛，就是去洛阳酒楼喝酒，不过这办法并不能驱除心中的积郁。

一日，陈子昂薄暮时分，从酒楼回到了住处。居停主人见他面带微醺，走路都不太稳当，嘴里哼着“人生不满百，常怀千岁忧”的调子，摇晃着就进了厅堂。

“陈相公，你这又是去酒楼了吧？小心些哟。你正年轻，前途还远哪，千万保重哟！”主人一边上去扶他，一边关切地说。

“没事。不喝酒又干什么呢？唉，想我陈子昂志怀经济，却只得个麟台正字，整天无所事事。屡屡上书，不见陛下的委用，你说干什么好呢？”陈子昂越说心里越难受，索性发起了牢骚，“想我陈子昂，当世伟丈夫，辞亲远游，来此中州，本拟辅明天子一平天下，以取封侯，不想却沦落下列，与俗世子混迹，可叹可叹。不如归于白云乡，从仙人赤松子游，强胜似在此随俗浮沉，看他人脸色。老丈以为如何？”

居停主人扶陈子昂到了屋里，给他倒上了茶，劝说道："相公经纶大才，不愁无用，且安心励志，静待天时，何必急于一时呢？"

"逝者如斯，时不我待。不知什么时候才能遇上机会。真令人烦恼啊！"陈子昂坐倚在床上，喝了一口茶，唉声连连。

主人离去了。

陈子昂睡了一觉，中夜醒来，但见月光如泻，洒满屋内，不由想起家乡，想起父亲，想起了青秀的山水，他那早年学神仙的经历突然间冒了出来。这使他以之与现今的情况相比，不由感慨顿生。

陈子昂披衣而起，点亮灯盏，磨好了墨，展开了纸，挥笔写了一首诗《答洛阳主人》。诗是这样的：

平生白云志，早爱赤松游。
事亲恨未立，从官此中州。
主人何发问，旅客非悠悠。
方谒明天子，清宴奉良筹。
再取连城壁，三徙平津侯。
不然拂衣去，归从海上鸥。
宁随当代子，倾侧且沉浮？

诗中说自己早年就有隐于白云乡随仙人赤松子游的打算，后来不能事亲，到中州来做官，准备谒见圣明天子，在清平宴乐之中献上治国平天下的好计策，要像汉代公孙弘那样，数年之间立功而受封为侯。如果做不到这一点，就拂衣归山，从海上鸥游，隐居起来，决不学当代那些俗人，倾侧不定，随俗沉浮。

这首诗，真实地反映了陈子昂当时的思想情绪。

事情变化难以预料，就在陈子昂苦闷的时候，他有了一项任命，使他有了新的经历。

二十　从军北征

当垂拱元年时，西域内属的金徽州都督仆固始作乱。这个金徽州，地在今阿尔泰山一带，为突厥人所居。突厥分为同罗、仆固诸部，仆固始为仆固部的酋领。这个仆固始，本来内属唐朝，此时见唐朝内部朝政起了变化，就想脱离唐朝而自立，于是说服同罗诸部，作乱发兵，向唐朝西北边疆进犯。

仆固始作乱，唐朝不能不理。垂拱二年，朝廷就派左豹韬卫将军刘敬同领兵三万征讨，派左补阙乔知之摄侍御史监护刘敬同军，同时派陈子昂、王无竞诸人一同随军出征。

大军决定沿居延海西行以进讨。这个居延海，其实就是一个湖。此湖古称流沙泽，汉魏时称居延泽，唐以后称居延海。本为一湖，狭长而弯曲，后中段为流沙所塞，遂成两湖，即今内蒙古额济纳旗的嘎顺诺尔湖和苏古诺尔湖，苏古诺尔湖还日见缩小。

要从居延海北西而入金徽州，路途遥远，必经张掖。张掖地处河西走廊，北是大漠，南为祁连，是当时一个很重要的要塞城池。

陈子昂从未历过军旅，此次从征，可让他开了眼界，长了见识。况且相识好友王无竞也在军幕，又相交了比自己年长 16 岁的乔知之，那个兴奋劲就不用说了。

乔知之，是同州冯翊（今陕西大荔）人，很早就与其弟乔侃以文词知名。此人豪爽重情，颇有骨气。一见陈子昂就觉得十分投合，于是就经常在军中交谈，很快成为知己好友。

大军从长安出发，一路西进，越陇坻，过临洮，不日就抵张掖。行军途中，陈子昂与王无竞、乔知之并辔而行。三人指点江山，倾诉衷怀，倒也不觉寂寞。

张掖古城之西，有一条河注入居延海，古称弱水，又称张掖河。沿河是往居延去的一条可行之路。因军行须傍水源，而往居延海去尽是大漠，因此大军只能沿河边寻路而行。说是有路，其实并没路，不过河边稀疏长着些青杨和灌木，风沙较小，地势较为平坦而已。

唐朝大军二月从长安出发，三月到达张掖，转路北上。但见，风起时，沙尘漫天，刮得人睁不开眼睛，沙粒击打脸上，让人感到疼痛。大军顶风艰难行进，有时一天走不过四五十里。

陈子昂第一次见到大漠，虽说骑在马上，一眼望去，景象倒也壮观，但植被稀疏，风沙很大，还是让他感到一种难以言说的荒凉与凄怆。加上水土不服，不久就有些不太舒服，得到王无竞、乔知之的照料，还让他感到一些慰藉。

军行不止一日，来到了居延古城。那时的古城就在居延海旁，居延海还有水，岸边长着较为茂密的树木，是一块甚好的沙漠绿洲。

大军决定在此休整些日子，以便入金徽山扫平仆固始之乱。数十日之疲劳，在见到绿洲之后，虽不能一扫而空，但见到盈盈绿色，三万人马都精神一振。陈子昂和乔知之诸人就更感到兴奋了。

时令正当四月，是初夏时分，居延海边的树已经绿色很浓了，各种花草也都透出芬芳的气息，真让人愉快。休整的日子里，陈子昂和乔知之、王无竞经常到海边去游赏，以慰远离京师的惆怅，并领略塞外的风光。

一天，三人又在海边漫步，就见绿树影中，不时有黄莺似飞梭般穿行，发出圆转流利的悦耳鸣叫。他们未见黄莺已有数十日之久了，往常此时，他们正在长安曲江池旁游览畅怀呢！一见一听之下，三人都惊喜异常，似乎这鸣声唤醒了他们的诗思，这娇美的黄莺又将他们引向了对往昔的怀恋。

乔知之首先说："此黄莺竟与曲江之莺无别，一样动听悦耳，听此鸣声，真让人心神俱爽。我三人对此不可无诗啊！"

陈子昂年轻气盛，说："那当然。能在此瀚海见此黄莺，如对旧友，理当赋诗。"

王无竞也无异议。于是三人约定，每人作诗一首。子昂诗思敏捷，先成五言四韵一首。诗云：

边地无芳树，莺声忽听新。
间关如有意，愁绝若怀人。
明妃失汉宠，蔡女没胡尘。
坐闻应落泪，况忆故园春。

此诗构思较为新奇。从莺声咏起，说莺声有意似怀人，怀明妃出汉宫嫁匈奴单于，蔡琰遭乱没入胡尘，将自己的心思情绪打入莺声之中，最后归结到怀念故园。通篇完整，环环相扣，融情入物，物我合一，体现了较高的境界创造能力。

这首诗，题为《居延海树闻莺同作》，编在文集的第二卷。从题目上可知，乔知之和王无竞也作了咏莺声的诗篇。

经过十来天的休息整备，三万人马体力和精神大都恢复到较好的状态，于是在四月上旬之末，又向西北进发。这里离金徽山已经不太远了，十余日，前锋就与敌兵相遇。

仆固、同罗诸突厥部落，部民本无心叛乱，不过受仆固始和部落豪酋操纵。今见唐兵如此神速就到了金徽山，颇为震动，因而斗志不坚。几仗下来，仆固和同罗部落的很多人请降，乱事就平定了。

此次平乱，真正的打仗不及一个月，乱事基本平定之后，大军就驻扎在同城。然后，刘敬同、乔知之就分别上表告捷，在同城等待朝廷的指示。

打仗的时候，军府文士倒比较清闲，可乱事一定，他们就忙开了。陈子昂此时就是这样一个忙人。他帮助乔知之连写两道上表，一为告捷，请示机宜；一为论定突厥情况，提出处置的意见。这样的文书要写得很得体。既要颂朝廷功德，又得把自己的功劳说明；既要说明情况，又要提出办法，很难为人的。因此，陈子昂有好几天，同乔知之商量写法用词，交换意见，终于把表写好了。也就在这个过程中，二人相互的了解加深了，友谊加固了。这期间，同在军府的一个同僚，还求陈子昂写了一份陈情表，请求允许明年为先母迁茔。陈子昂文才很高，当然词情哀苦，言语得体。这一来他在军营中更是名声大噪，谁都知道有个陈正字。

不久，朝廷敕令下来了，指示在同城地方暂建一个安北都护府，权且安置突厥降人，就敕刘敬同暂时管理此事，以后朝廷再委派他人前来接替。这一来，情况发展就更快了，很快突厥降人就有五千余帐归附，都在同城四周。

六月，诸事初定，又上表报告。七月，由于不惯军旅生涯，又诸事已妥，陈子昂无奈只好南返，回京师休养。于是我们的诗人踏上了南旋之路。这一次，是他领着几个军士和家仆独自南返，而且离开了相交已深的朋友。

二十一　南旋忆友

有过共同患难经历的朋友，友情是深固的，彼此之间会常常牵挂，会因为离别而倍感凄凉。陈子昂南返时，经历的就是这样一种情感的刺激。

七月初，同城郊外，乔知之、王无竞以及军府同僚数人，为陈子昂祖道饯行。所谓祖道，是过去人们远行时举行的祭祖神的一种仪式，祖道是为了求取旅途平安。

七月虽已入初秋，但天气尚热。同城郊外，绿树仍然枝叶婆娑，花儿大多已谢，但草还散发出诱人的清甜香气。祖道饯行的地方就在郊外一个汉时遗留下来的烽火台旁。

一大早，陈子昂、乔知之一行七八个人，就骑着马，带领几个军士，用骆驼载着帐幕和酒菜，慢慢地走出城来。到了祖道饯行的地方，军士们卸下东西，搭好帐幕，摆放好酒菜和那种可以折叠的矮脚皮凳，然后，众人落座，祖道饯行就开始了。

面对朋友，陈子昂不由感伤起来。从三月始，他就与乔知之、王无竞及诸同僚日夕相聚，同行军，同食眠，涉古道，渡大漠。见风沙而心惊，睹边马而思乡，日亲日近，情意深长。可今天，自己就要独个南返，离别这些共患难的朋友，哪能不伤怀呢！人生就是如此，在茫茫宇宙中，人恰似一个芥子，东飘西荡，此情此景，怎不使人油然而生无限的悲凉之感！子昂如此，众人亦无不伤情。今日一别，不知何时能够再见。人似飘蓬无根，情如流水长注，这顿饯行之酒确实让人不能特别畅快。对这种场面，古人有好多诗词道着。唐诗人王维的《渭城曲》，又名《送元二使安西》中云："劝君更尽一杯酒，西出阳关无故人。"那深情厚意就凝聚在这里，重要的是"故人"之情。陈子昂南返，乔知之诸人饯行，情景就是像王维诗中所云那样。

离别难，但难也得离，饯行的酒筵不能不散。大道上，马已经鞴好，众人走出了帐幕，真是执手无言，难舍难分。乔知之拉着陈子昂的手，深情地看着这位小自己近二十岁的忘年朋友。数月相聚，乔知之深深地了解了这位豪爽正直又富于才华的朋友，他喜欢他，赏识他，把他当成了知己，现在要分手，乔知之很伤感。因此他拉着陈子昂的手，口占一首赠别诗，以表自己之深情厚意。诗中说："孟秋七月时，相送出外郊……心事为谁道，抽琴歌坐筵。一弹再三叹，宾御泪潺湲。送君竟此曲，从兹长绝弦。"这后两句，隐用俞伯牙与钟子期相知的典故，表明自己与陈子昂的关系，确实情深意切。

陈子昂再三向众人辞别，军士缓缓拉过马，他自己则一步三回首，走出长长一段路，才跨上马，然后挥手而别。谁说豪士无情？他们的情更深更真更挚，只是要有能与之共鸣的心弦。这个心弦拨动了，就能奏出最美好动听的友谊之歌，那深情的流注不是俗人可以测度的。

返回的路似乎没有来时那么长，不数日，子昂就到了居延。在这里，他要稍事休息，采办些东西，停留两三天。

入夜，陈子昂不能入睡，无时无刻不在冲击心扉的是乔知之、王无竞一班人的清晰身影。子昂披衣仰望秋天皎洁的月亮，思念着朋友。塞外的月亮似乎分外明亮，分外的圆。陈子昂不禁想，一个月亮，银光照遍宇宙，人却散在各地，月亮难道不知离人之苦吗？想着想着，他诗思奔涌，于是坐下写了一首诗，送给乔知之。诗中感叹乔知之华发还在边城，将来还朝，有功也未必被厚待，逐胡安国之策又不能施行，恐怕弄不好，还得像马援一样被人所谤，子昂为朋友担着心。诗的最后，子昂劝乔知之“无为空自老，含叹负平生”，要他不要过分地感伤令自己衰老，还要努力，以免负平生之志。情意谆谆，真是知己的厚意。

从居延南行，将近张掖，渡过了峡口山。就在这个峡口山南，子昂又作了一首五言诗，赠给乔知之和王无竞。诗中叙述了山的状貌，勉慰朋友，说他们不会久在荒漠之域，将来他们一定会像东汉时云台的那些功臣一样，侍奉在君王之侧。所谓云台是指什么呢？原来，东汉光武帝刘秀，在西汉末的农民起义中，乘机而起，最后夺取了天下，随他征战的有众多人物。东汉建立以后，刘秀录诸人之功，共得 32 人之功最著。刘秀的儿子汉明帝后来在宫中立云台，令人画图这 32 人之形于云台之阁，旁记功勋。这就是所谓的云台功臣。

就这样，陈子昂带着对朋友的思念，终于回到了京师。按理说，随军出征，迅速地平定了突厥的叛乱，应该有所赏赐，但朝廷却对陈子昂未有任何表示。这也难怪，武则天当时关心的惟一一件事就是自己当皇帝，对此有功之才可以受到青睐，加官晋爵，其他的就不能加以照顾了。按照常理来看帝王的作为，是行不通的。

陈子昂早就感受到了朝廷的冷落，只是他还未能参透其中的机窍，此时虽受如此对待，心中确实不能平静如水。但年轻人对政治的热情以及对清明政治的期待，使他未过多地沉浸在不愉快中，他又一如既往地思考政治和国家大事了。

二十二　书论边事

陈子昂从西北边地归来，回东都仍任麟台正字，过上了平静闲散的生活。但他并不忘情政治，心中仍然想对国家大事发表意见和看法。

于是，回京不久，他就上了一道奏书，专论西蕃边州安危事，共有三条。第一条，讲如何对待金山十姓问题。第二条，论如何妥善安置突厥降人问题。第三条，论河西咽喉，惟在甘州，但地广人稀，祈朝廷加增兵员，扩大屯田，以备吐蕃和北边番兵之患。这些情况，都是陈子昂征西所亲闻目见，所以论述详明切实，分析透辟入理。

可惜的是，陈子昂的好意见并不被采纳，枉费了他如许热忱。

日月如梭。不知不觉，陈子昂回东都已经一年多了。

垂拱三年九月，武则天不知为什么突然心血来潮，打算发兵开凿蜀山，然后由雅州（今四川雅安）道攻击生羌，并进而攻打吐蕃。显然，这是无事生非的黩武行为。对于这种动摇全蜀的黩武之举，陈子昂当然是不赞成的。于是，经过仔细思考，陈子昂不顾官低人微言轻，上了《谏雅州讨生羌书》，对武则天此举提出了反对意见。

陈子昂并不是徒托空言。他在奏书中尖锐指出，如果发凉州、凤州、巴州、蜒州之兵以开山击羌，则全蜀之祸，自此就生成了。然后他在奏书中，详细地分析了发兵击羌因袭吐蕃有七不可，联系历史，分析现实，综观敌我双方情势，晓喻利害，可谓言有内容，计非空拟。陈子昂在奏书的最后指出：（一）太行山以东地区人民饥饿，关陇地区凋敝，连年干旱，人民多有流亡，这不是谋动干戈的时候；（二）帝王至德不在用兵，而在计大务德，自古亡国败家，都是由于穷兵黩武。奏书中的思想主张，体现了陈子昂的仁政理想，他对问题的分析，显示了他对实际政治活动的关心与对情况的熟悉，这证实陈子昂不是一个只知浮辞的人，他也是一个有很强实际政治能力的人。

可是，奏书虽然很好，很有实际价值，却同陈子昂从前的章表奏书一样，被束之高阁，不见采纳。封建政治就是如此，君主和长官的想法意志就是国家大事，臣下只有奉行和论说其合理、有利的义务，没有批评反对的权利，不管什么事都是如此，不到君主长官自行改变，那就什么都是正确的。陈子昂正当武则天准备自立的时候，他竟然敢于有不同意见，他的意见不被采纳，不正是非常合情合理的吗？他没被加罪，就证明了武则天的高明，证明了武则天是一个政治家。

意见不被采纳，对陈子昂当然是个小小的刺激，不过他还未到而立之年，热情还挺足，还不足以影响他对政治的关心。

二十三　武氏弄神

垂拱四年（688 年），武则天加快了篡唐自立的步伐。她觉得自己多年辅政，高宗死了以后临朝称制，培植的党羽已经遍布天下，武氏子弟已经占据了朝廷的重要位置，篡唐自立不会有特别的困难。但有两件事必须做，一是造舆论，假称天命，利用人民畏惧天命的心理，解除其对于篡立的阻碍情绪；二是有计划地翦除李唐王朝的宗室诸王，把李氏的力量减小直至消灭。于是，武则天就向武氏的武三思、武承嗣一班人以及朝中的亲信大臣做了暗示。武三思、武承嗣以及那些武则天的亲信是何等样人，当然心领神会，一点就透。于是，他们就开始各自忙碌起来，为自己在武氏朝廷占一席之地加紧了准备。

武承嗣首先有了“发现”。本年初夏四月，已经被封为魏王的武承嗣伪造瑞石，在一块奇形怪状的石头上刻上了“圣母临人，永昌帝业”八个字，让雍州人唐同泰上表，说是获之洛水，表示这是上天的意旨，同意武则天做皇帝。武则天一见表章，非常高兴。她召集了众多大臣，宣示了唐同泰的奏章，然后她给这块所谓瑞石起了个名字，叫做“宝图”，超拔唐同泰为游击将军。武则天需要的不是讲大道理的人，她需要的是为她登基做皇帝出力的人。

得到了所谓天降的宝图，对武则天是很重要的。虽然大臣们都明白这是公然欺骗天下，但都不敢说，而武氏诸人就利用这个机会把天命归于武则天的文章越做越大。五月，武氏诸人让朝臣给武则天上了尊号，曰“圣母神皇”。宝图说圣母“永昌帝业”，尊号称“圣母神皇”，都是说武则天应该做皇帝。

到了七月，武则天改“宝图”之名号，叫“天授圣图”，封洛水之神为“显圣”，加位特进，在洛水之侧立庙祭祀，并且在水侧特置永昌县，大赦天下，大酺五日。这样一来，好像武则天当皇帝就是上天授予的。文章做到了这里，意味已经很足、很明白了。

另一件事，诛戮李氏宗室的行动，也因为一个机会而大肆展开了。

武则天的作为，当然是用意显然，谁都清楚，李氏宗室中有很多人对此看得更清，他们当然对此不能无动于衷。这年八月，博州刺史、琅邪王李冲据博州首先起兵反武则天。武则天当即令左金吾大将军丘神勣为行军大总管，讨伐李冲。不数日，李冲的父亲豫州刺史、越王李贞又在豫州举兵，以应李冲。李氏宗室的起兵，对武则天当然是威胁。于是在九月，武则天命内史岑长倩、凤阁侍郎张光辅、左监门大将军鞠崇裕率兵讨伐李贞及李冲。由于李冲、李贞兵力弱小，当时天下稳固，武则天多年的经营起了作用，不上十日就扫平了李冲、李贞的起兵。李冲、李贞被斩，首级被送到洛阳（当时洛阳早已改称神都），武则天下令首级示众，并将李冲、李贞的姓氏改为虺氏，说他们像毒蛇一样。

李冲、李贞诛灭，事情并不算完，武则天下令严讯宗室，穷治党羽。于是，韩王李元嘉、鲁王李灵夔、李元嘉之子黄国公李譔、李灵夔之子范阳王李蔼、霍王李元轨、李元轨之子江都王李绪、已故虢王李元凤之子东莞公李融，都因为与李贞交通被定罪。李元嘉、李灵夔自杀了，李元轨流配黔州，李譔诸人都被诛杀，亦改其姓氏为虺氏。

从此以后，诛杀李氏宗室就公开进行了。史书上说“自是宗室诸王相继诛死者，殆将尽矣”。武则天以诛杀为手段，扫清了登基做皇帝道路上的重大障碍。

对于武则天的举动，我们的诗人陈子昂是怎样的态度呢？史无明文，不好臆说。但有一件事似乎可以提一提。

武承嗣伪造瑞石，武则天号为宝图，又改称为天授圣图，陈子昂并没有写恭贺的表章，但他却为一个被判流放后得武则天赦免的将军程处弼写了一个贺表。这个表是垂拱四年十二月，武则天亲自到洛水拜洛水神，接受天授圣图以后写成的。

这份表章，除了讲程处弼的感戴之情，就是讲武则天的功德，说她“至德配天，化及草木”，是“恭承天命”，她的作为使“万国咸欢，百灵同庆”，而她拜洛受图，是“郊祭旻天，总受群瑞。神灵庆戴，万福攸宜。斯实旷古莫闻，于今始见”云云。这些思想，可以看作是陈子昂的真实想法。这是有根据的。后来当武则天登上帝位，陈子昂就上了颂文，因此，陈子昂对武则天自立为帝是持赞同欢庆态度的，为程处弼作表所表露的意见就是他真实的意思。

垂拱四年就这样过去了，到了下一年，陈子昂又获得了上言的机会。他的官职也发生了变化。

二十四　再蒙召见

公元689年，武则天改元永昌。正月，她亲率百官享明堂，大赦天下。四月，她又诛杀了蒋王李恽、道王李元庆、徐王李元礼、曹王李明等李渊李世民的子孙，徙其家属于巂州。

与此同时，武则天又装模作样地召见了陈子昂。这一天是三月十九日。陈子昂仍然是个小小的麟台正字，可武则天又把他召入洛阳宫中，让他论“为政之要”。

自从陈子昂考中进士以来的五年间，这已是武则天第三次召见他了。对陈子昂来说，这当然是殊荣，也是难得的机遇。但另一方面，召见归召见，陈子昂所论各节，武则天并不施行，陈子昂的官职也不见升迁，陈子昂对此就不免纳闷。

像往时召见一样，陈子昂山呼已毕，跪在地下。武则天说话了：

“陈子昂，你以前所论朝廷各事，多有贡献。今朝廷政务繁庶，国家百事待举。你可就所知，上疏论朝廷当今为政之要务，以及适时不便的事项。不必援引上古，徒角空言。要切中当今之政，便于施行者。”

陈子昂恭谨地回答：

“是。臣今当就朝廷行政，畅而论之，以备圣览，以利国家。”

武则天又说：

“往时所论，足见你系心朝廷，忠心可鉴，现时要仔细体察，务求所论有当。”

“是。谨遵陛下旨意。”陈子昂真的是受宠若惊。

“好，你去吧。”武则天和颜悦色地说。

再一次山呼，叩头，陈子昂退了出来。

武则天的召见，将陈子昂心中那点已有的不愉快冲刷得干干净净。他觉得，自己毕竟是有才华的，陛下如今这样看重我，我定要尽心尽力以图报。他还幻想，将来陛下一定会重用自己，于是他又充满了希望，充满了干劲。

中国士人大多如此。他们出仕以求行道，往往不被重视，他们有很多牢骚与不平，他们会用诗歌、文章发泄这些牢骚和不平。读这些作品，似乎他们已经绝望了，在绝望中对黑暗政治认识清楚了，但这是假象，那些牢骚不平只是一时的心血来潮。因此当君主帝王对他们假以颜色或某个大官僚对他们有所表示的时候，他们的所谓牢骚不平就烟消云散，他们又信心十足，干劲十足地做起了他们认为该作的一切。

陈子昂现在就是这样。

回到寓所，陈子昂拿出了文房四宝，摊开了书本，就认真地琢磨起了当今朝廷行政需要注意的问题。他决心把这篇奏疏做得好一些，一表忠心，二显才华，以求武则天赏识得更深一些，也许可以给自己一个真正从事实际政治的机会。

以后的一段日子里，年轻的诗人就整日思考着这些，写他那个奏疏。他是在兴奋之中，在充满热切的强烈的期望中把奏疏写成了的。

这篇奏疏就是载在文集中称为《答制问事八条》的那一篇。

陈子昂的八条，一是言措刑，二论官人，三讲知贤，四言去疑，五谈招谏，六讲劝赏，七论息兵，八则强调安宗子。

只看这题目，就可以知道，陈子昂是以一般的常情去谈论问题的，他根本就没明白武则天的心思，有些地方还与武则天的思想和做法相对立。例如，武则天要诛杀宗室，以立武家天下，陈子昂却要求她安宗子，这不是正相反对吗？武则天要篡唐自立，怕人口不一，就广开告密之门，把那些酷吏招来加以重用，以钳制人口，陈子昂却要求她去疑、措刑，这不也是对立的吗？陈子昂啊陈子昂，本着书生之见，还是不明时势，就事论事，因此他的所论基本上不对武则天的口味。这篇奏疏递上去，像以往一样，石沉大海，这就一点也不令人奇怪了。

陈子昂递上奏疏以后，满怀希望地等了一段时间，可惜什么动静也没有，他又一次失望了。

就在这一年里，陈子昂任麟台正字已经到了期限，当时称为“秩满”。按照唐朝的规定，官员秩满而又无什么差错而受处分，也没什么特别的功勋而受奖赏，就可以按照常规加以迁转。陈子昂麟台正字已经秩满，没受处分，上头也没有特别的交待，就只能按常规办理迁转了。于是他就迁为“右卫胄曹参军”。

胄曹参军是管理甲胄的官员，位置不高。陈子昂多次蒙受召见，屡上奏疏，却只能按常规迁官，结果迁补了个管甲胄的位置。一代英才管理甲胄，只能让人哭笑不得。

陈子昂到右卫率府报了到，按常规看了他所管领的事务，见了见下属的人员。他心中不免有些感慨，但事已至此，徒有感伤也无济于事，所以他且安下心来打点平常事务，一面继续留心朝政。

这年九月，陈子昂又上了一道奏疏，这就是《谏刑书》，编在文集卷九。这道奏疏用心十分良苦，他不说武则天法网严酷，而言狱吏弄权。他反赞武则天有用德之心和用德之实，洋洋洒洒，忠诚恳恻。但这篇奏书同其他奏章一样，不明武则天任用酷吏的用心，所以同样不被采纳。陈子昂的苦心又白费了。他不知投武则天之所好，只知讲大道理，真是士人的脾性。然而，也迂阔得可以。

奏疏不被用，就且在胄曹参军任上勾留一段时日吧。

二十五　奏颂取悦

经过一番准备，武则天认为她已经完成了登基的前期工作，于是在690年，武则天终于自立为皇帝。这一年的九月，武则天下令将国号由唐改为周，改元为天授，并加尊号曰圣神皇帝，将皇帝降为皇嗣，在洛阳立了武氏七庙，封侄武承嗣为魏王，侄武三思为梁王，堂侄武懿宗等12人为郡王。李家之唐变为武氏之周了。

对于这一变化，朝中文武大臣似乎没什么大的反应。因为长时期以来，武则天已经是实际上的皇帝了。当然，有些人还是有反应的，不过不起什么作用。况且也不敢有明确的表示。

陈子昂对于这个变化是很欢迎的，他感到这时他应该有所表示，以巩固武则天对自己的信任，让她记住自己。实在地说，陈子昂对于自己未能参与武则天改唐为周的活动似乎有些遗憾，他决定赶快上奏颂扬，以弥补以往的损失。

于是，陈子昂殚精竭虑，作了《大周受命颂》，诣洛阳行宫南门奉进。为了进献《大周受命颂》，他还写了一篇《进大周受命颂表》。

在《颂》和《表》中，陈子昂对武则天作了无以复加的歌颂。《表》中说，武则天“阐皇极，升紫图，光有唐基，以启周室。不改旧物，天下惟新。皇王以来，未尝睹也”。又说，现在赤雀至，神凤来，庆云现，休气升，这是大周受命的珍符，应该加以记录，以润色鸿业，揄扬盛美，他就是这样做的。在《颂》中，陈子昂说天无二日，土无二王，武则天继唐统，是完全应该的，并说这是顺天应人，云云。总之，武则天革唐命而立周朝，自己做了皇帝，陈子昂欢呼雀跃，有积极的表现。

然而，这次的表现仍然没有什么结果。《大周受命颂》递上去以后，声息皆无，还不如以石投水有个动静。武则天不是挺看重陈子昂的吗？怎么对这种表示没有任何反响呢？这话要从两个方面来说。先从武则天那面说。武则天要革唐命而自立，对政治和行政施为也不能不有所注意，所以她会征求陈子昂对行政的意见；同时，武则天要代唐立周，必须笼络人心，她对陈子昂的数次召见，就含有网罗人才人心的用意。但武则天要求的是死心塌地的奴才，而陈子昂却自视甚高，想做大事，做贤明的大臣，他不是做奴才的胚子。这就使武则天不会把他归人亲信队伍中去。从陈子昂方面说，他要在政治上有所建树，所以他投靠武则天并不是想当来俊臣、周兴那样的人，是要获得行道的机会，因此他所论各事，都是关于政治上的大题目。这些问题在当时虽也重要，但终归不是当务之急，因而显得有些迂阔，这就使自己不能成为武则天的亲信。就这篇颂来说，陈子昂虽想以此取悦武则天，但只是想取得信任以行道。他还不能摸准武则天的心思，因此他在《颂》中，还称赞那个已经被降黜的皇帝，这是犯忌讳的。所以，这篇颂递了上去，并不能引起武则天的兴趣。

二十六　丁忧归里

武则天登基，并没引起特别的震动，因为她已做了充分的准备。

天授二年（691 年）元旦刚过不久，武承嗣、武三思诸人为讨武则天的欢心，又想出了一个主意，请武则天封中岳嵩山，以答谢上天让武氏立朝做皇帝。于是，当时为地官尚书的武三思就借全国各地朝集使都齐集洛阳的机会，与 2800 个朝集使说了想法。武则天当皇帝，谁也不敢不奉承，武三思是武则天的侄子，提出请皇帝封中岳，谁都不能表示不赞同。于是，武三思让人写了表文，自己首先署名，2800 个朝集使都按顺序署上了名字，这道奏表就递了上去。

消息很快传遍洛阳。陈子昂在这事上不甘人后，于是也赶忙写了一道上表，题曰《为赤县父老劝封禅表》，后编在文集卷三中。陈子昂这道上表，题目有些意思。武三思的上表是以全国各地的朝集使的名义，陈子昂的上表更厉害，竟以全国人民的名义，他把自己当作了全国父老的代表了。看来，陈子昂企图媚悦武则天确实是有些不顾前后了。

这道表说什么呢？还是先把武则天无以复加地大赞一通，说其应天受命，握纪登枢，开天宝，阐地珍，群神都赞成盛举，各种祥瑞都前来呈现。嵩岳是五岳之尊，仰望来禅，天上神灵，也希望来封。然后说，封禅了就会天下永昌，皇图永固，就是上报天功，下遂人望，希望武则天应天顺人，到中岳去封禅。

武三思以侄亲之谊，上表是求巩固武则天对自己的信任，看后来武则天对他的态度，他的上表还是有点作用的。陈子昂上表是求武则天别忘记他，看后来的情形，目的没有达到。

上表不久，从梓州送来消息，陈子昂的继母去世了。按照当时的规定，官员的父母及祖父母去世，要解官丁忧，居丧守制，一般头尾三年。陈子昂接到消息，便按照规定向有关部门打了报告。情况符合常规，迅即有了批复。于是，陈子昂就打点行装，数日之后，拜别朋友，带领家人取道长安转凤州回蜀。

离开洛阳时，已是仲春二月。虽天气仍然有些轻寒，但春的气息已经布在大地。陈子昂一心往家赶，也不太有心观赏景致，所以行路甚速。洛阳至长安七百多里，数日之间，他就赶到了。

在长安，陈子昂觅了一家店铺住下，然后让家人去置办点东西，以便路上应用。三天以后，他就又启程赶奔蜀中。

旧时从秦中至蜀中，有一条要道，这条道从陕西陈仓出大散岭上的散关，直奔汉中河池，然后由汉中入蜀。汉末曹操攻汉中张鲁，后来诸葛亮出兵伐魏，都走过这条路。陈子昂就要从这条秦蜀往来要道，返回梓州射洪老家。

从长安奔宝鸡，四百余里，然后转向西南，陈子昂很快就来到了大散岭上。大散关雄踞在上，周遭都是崇山峻崖，形势十分险要。陈子昂来到散关之上，放眼四望，只见山岭逶迤不断，山色与天色交相映衬，天地空阔，一片苍莽，一种人生之感不禁油然而生。他想到，人生天地之间，迅如流星，真是过客，但人生也是多艰辛的。就拿自己这几年说吧，虽不断挣扎不断寻找机会，但却功未立事未成，想到这里，面对浩莽的天地，悲慨就来了。他从眼前的散关，又想到自己虽从军西北，却寸功未录，也是颇令人可叹的。从西北征突厥事中，他一下子又想到了好朋友乔知之。他思绪翻腾了。人生不易，相识满天下，知己有几人。所幸自己总算找到了乔知之这样的朋友，虽说比自己年长十七八岁，可对自己是那么了解，那么关怀，可谓是志同道合。他由此又想到，自己从西北回朝已经三年多了，可乔知之还在同城戍边，虽说在洛阳能时常听到关于同城的消息，可是万里阻隔，无由晤面，实在是让人遗恨。思量到这里，陈子昂突然感到心一下子跳动得很快，他感到了自己怀念乔知之的心情是那样的深沉，那样的急迫，他觉得有话一定要说出来。于是，他急急地走到关内，向守关的人借来了笔墨，当即挥笔写下了一首诗。诗是五言，共20句，题为《西还至散关答补阙乔知之》，编在文集卷二。诗是这样写的：

葳蕤苍梧凤，嘹唳白露蝉。
羽翰本非疋，结交独何全。
昔君事胡马，余得奉戎旃。
携手向沙塞，关河缅幽燕。
芳岁几阳止，白日屡徂迁。
功业云台薄，平生玉佩捐。
叹此南归日，犹闻北戍边。
代水不可涉，马江亦潺湲。
揽衣度函谷，衔涕望秦川。
蜀门自兹始，云山方浩然。

诗的前四句说乔知之是苍梧凤，自己是白露蝉，二人不相匹敌，但乔知之却能以诚心全交；中六句追述二人一同从征西北，但却未能建大功业；再四句说自己现在南归蜀中，乔知之却仍在边疆戍守；最后四句告诉乔知之说自己已度过了函谷，现在就要离开秦川，蜀中之门从现在就是了。自己回蜀以后就要在云山之间浩然徘徊了。诗写得真挚自然，感慨深沉，情意殷切，不是应付式的东西。

过了散关，就渐近梓州了，一种新的生活在等着陈子昂了。

二十七　养疴南园

回到射洪的家里，陈子昂先按礼制为继母亡灵拈香跪拜，做了一些应该做的事，然后就与父亲谈起了。陈子昂看到父亲虽然日日学神仙之术，但头上还是免不了添了几根白发，六十八九岁的人了，这是难以避免的。不过父亲的精神还算旺健，脸色也相当不错。

陈子昂向父亲仔细地讲了这几年来的情况，听得他父亲时而摇头，时而叹息。陈元敬是个道教信徒，他对世事并不感多大兴趣，所以他听陈子昂讲起洛阳朝中的事，颇不以为然，特别对陈子昂的一些做法，觉得不免有些躁进之态。但儿子大了，又在外为官，他不想多说什么，所以他只在谈话的最后，说："天道自然。凡事讲的是个适字，你要仔细想一想啊。兼济天下与独善其身，都是人生选择，其要在看得明白。"说完，这位老先生就闭上了眼睛，表示他不想谈下去了。陈子昂只好告辞了。

陈子昂这次返家，觉得好像对这个家很陌生，连父亲的态度也让人捉摸不透。要说没有父子亲情，每次进餐时父亲都要看他几眼，有时凝视很长时间；要说父子情深吧，父亲从不和他多说话，也不问他的事，显得那么生疏甚至有些冷淡。这种状态使陈子昂的心情也有些沉闷起来，加之家中远离政治活动中心，他就像一个在外飞翔的小鸟，一下子被关进笼子似的，感到不自在。

东晋时的陶渊明，不喜为官，做了彭泽令才80日，就辞官归家，感到十分高兴。《归田园居》诗中说自己做官，像被羁的鸟，被池所困的鱼一样，时时思故林，恋旧渊，说自己辞官归田，是“久在樊笼里，复得返自然”，欢愉之情溢于言表。可陈子昂不同，他丁忧家居，感到很不得劲，他是“身在江海，而心驰魏阙”，眷恋着朝廷，时刻难忘。他说自己这时像韩非子一样，“独坐一隅，孤愤五蠹”。为了排遣苦闷，陈子昂这时又拣起数年以前的生活。他同开元寺长老晖上人把老交情又继续了下去，经常和晖上人交往，谈禅论道；同时他又开始了修神仙之术。

这时的陈子昂，由于远离了政治活动中心，虽然苦闷，却得以从容地检讨自己数年来的政治生涯，仔细地想一想自己的人生追求。这时他的思想似乎较为透彻，较为深沉了。他有几首诗，具体地表现了他此时的心境和认识，反映了他此时的生活状态。《南山家园林木交映盛夏五月幽然清凉独坐思远率成十韵》诗云：

寂寥守穷巷，幽独卧空林。
松竹生虚白，阶庭怀古今。
郁蒸炎夏晚，栋宇阒清阴。
轩窗交紫霭，幽户对苍岭。
凤蕴仙人箓，鸾歌素女琴。
忘机委人代，闭牖察天心。
蛱蝶怜红药，蜻蜓爱碧浔。
坐观万象化，方见百年侵。
扰扰将何息，青青长苦吟。
愿随白云驾，龙鹤相招寻。

这诗写了自己幽居的环境，抒发了感慨，揭示了内心的活动。陈子昂在清幽之境中，说自己已经忘了机心，像庄子说的那样用心体察天心大道，于静中观察万象的变化，看到了人生短促，所以表示愿随白云被龙鹤招寻，即成仙。《秋园卧疾呈晖上人》诗云：

幽疾旷日远，林园转清密。
疾疴淡无象，独坐泛瑶瑟。
怀挟万古情，忧虞百年疾。
绵绵多滞念，忽忽每如失。
缅想赤松游，高寻紫庭逸。
荣吝始都丧，幽人遂贞吉。
图书纷满床，山水蕴盈室。
宿昔心所尚，平生自兹毕。
愿言谁见知，梵筵有同术。
八月高秋晚，凉风正萧飒。

这诗中的情绪和思想与前诗反映的相一致，在静幽之中观万象、察万物，缅想仙人赤松子，觉得自己平生所崇尚、追求的东西，一下子都失去了原有的光彩。还有《卧疾家园》一诗，表现的也是同样的思想情感：

世上无名子，人间岁月赊。
纵横策已弃，寂寞道为家。
卧疾谁能问，闲居空物华。
犹忆灵台反，栖真隐大霞。
还丹奔日御，却老饵云芽。
宁知白社客，不厌青门瓜。

陈子昂在闲居之中得以观察人世和自己，他总结了几年的政治生活，感到屡屡献策而不用，只能以道为家了，所以他萌生了像秦末召平那样过隐居种瓜的生活的想法，想起了那些求仙的友人。

陈子昂幽居家园，虽然思想有所变化，但终归还未对政治完全绝望，“纵横策已弃”的感叹正是未忘情政治的标志。因此每当仕途的朋友相会的时候，他还是要表达对朝廷的依恋。

他在家居期间，有几次接待朋友的机会。

二十八　幽居会友

大约在长寿二年仲春，也就是陈子昂归家第二年的仲春，朝廷命侍御史冀珪和司议大夫崔泰之二人使蜀。陈子昂得知将有使者入蜀，道经梓州，他知道无论是谁，总是在朝时的相识，很久未见京师的人了，也不知京师的消息，现在京师有人来，该得一见。一来可以叙叙交情，以慰幽居寂寥之情，二来可以打探些消息，免得自己耳目闭塞。于是，陈子昂带上家人、银两，先几日便到了梓州等候。

过了两天，消息传来，使者已入梓州地界，正迤逦往梓州而来，估计再有三天便可入梓州城。

唐时惯例，朝廷使者巡行地方，所至之处要给以接待。有时使者并不是巡行该处地方的，但地方上也要接待，因为地方官都想入朝，也想升官，他们不能得罪朝中的官员。按照要求，地方上的行政长官不必亲自接待使者，有专门负责接待过往官员的人。但地方官都亲自接待，以示尊重使者，拉拉交情。

考虑到这些情况，陈子昂决定不在梓州等候。因为在梓州等；使者一来，州府以及各署衙门轮流接待，他就插不进去了。所以得到消息的第二天，陈子昂便领着家人迎了上去。

冀、崔二人这次奉使巡行蜀地，从洛阳奔荆州，然后沿江而上。陈子昂从家到了梓州，又从梓州返射洪往遂川方向迎去。

陈子昂从射洪出发，不及一日，就在那天临近中午时，迎着了冀、崔二人的车队。朝廷下来的使者，排场就是不同。只见一列队伍，步行的、骑马的约有三十余人，簇拥着两辆垂着帘子的轿车，不用说，轿车中就是使者了。队伍的前后，旗帜招展，别看人不很多，队伍排得倒不短，足有半里地。

不知为什么，陈子昂突然感到一阵激动，怔了一怔，便提缰迎了上去。

前行的衙役人夫不认得陈子昂，见他打马过来，便上前阻拦，吆喝起来：

“干什么的？敢冲撞官人！”

听见吆喝，轿车的帘子掀了起来。一看之下，只见第一辆车上的人从车上一跃而下，边摇手边大声喊：

“不得无礼！”

陈子昂一见此人，立即滚鞍下马，疾步上前，一边拱手，一边也大声喊：

“冀先辈，还记得射洪陈子昂吗？久违，久违！”

冀珪抢上一步，拉住子昂的手，仔细地看了看，说：

“伯玉，你可清瘦多了。我与崔兄此次奉命出京，早就准备到贵府上看你，不想你却迎到此地，太劳动了。”

此时，崔泰之也从另一辆轿车上下来，走到了陈子昂面前，伸过双手，握住陈子昂一只手，看着冀珪，说：

“冀兄，京师一别，不及一年，伯玉就如此清癯，让人感叹啊。”回过头来，用力摇了摇陈子昂的手，说：

“伯玉，想你平日诵道经，观物化，深明物理，何至于此啊！”

陈子昂看着京师旧识，想到自己一年多以来的生活，不觉感慨由衷而来。他勉强笑着，说：

“二位先辈，此处非叙阔之所。寒舍离此不过30里，今日晚上就在寒舍小憩，你我畅叙如何?”

他抬头看了看天空，春日的太阳暖暖地照着，已经中午了，便又说：

“前边不远，有个驿亭，且到那里打尖休息一下，然后起行如何?”

“好吧!”冀、崔二人应道。

一行人往前行了一段路，果有一座驿亭。于是找来亭长，准备饭食，大家就在左近休息。

不一时，进食毕，为了早些赶路，就催动队伍直奔射洪武东山陈家大院而来。

太阳西偏的时候，一行人进了陈家。陈安早已打马回府，因此陈家一切都准备停当。当即冀、崔二人给陈子昂继母的灵位上了香。然后就在书房中摆下酒菜，三人宽衣落座，开怀畅饮起来。随行人等自有陈家的管事招呼，不必细说。

久别重逢，三人都很兴奋，这酒喝的就有些尽兴了。席间，冀、崔二人不免介绍了一些京师的情况，把朝中大臣如走马灯似的变换说了，三人相对感慨一番。陈子昂也就把家居的感受向二人作了说明。子昂所说，不外二点，一是在家闲居，心情有些寂寞苦闷，时时想念京师，怀念故交旧友，这就是所谓的“心怀魏阙”之意；二是闲居无事，既读老子庄子之书，又去开元寺交禅师晖上人为友，感天地之无穷，悟人生之有限，不免有出尘之想。对此，冀、崔二人温言解劝，大意是说，时光易逝，转瞬就过百年，何必自苦。再过一年，居丧期就过去了，那时就又可在京师相会了。此时有出尘之想，倒也没什么，千万不可当真，如此等等。

三人边吃边喝边聊。不觉月上中天，已是二更时分了。陈子昂家乡逢旧友，兴致颇高，于是就命家人展纸磨墨，然后把这次聚会记了下来并作了一首诗。这就是编在文集卷二的那篇《喜遇冀侍御珪崔司议泰之》的诗和序文。序中说："余独坐一隅，孤愤五蠹，虽身在江海，而心驰魏阙。"表明他对离开朝廷而感到的孤愤不安，对朝廷深切的恋眷。然后，说接到两位使者，原来是京师故人，于是就欢娱一场，以免蟋蟀笑人。诗中把这意思再加强调，同时把自己的孤独苦闷也更好地表达了出来。诗中云："谢病南山下，幽卧不知春。使星入东井，云是故交亲。惠风吹宝瑟，微月怀清真。凭轩一留醉，江海寄情人。"词意真挚，表达隐微，深得诗人比兴之旨。陈子昂虽不是书法名家，但字也写得很漂亮，很有气势。借着酒劲，他握笔凝思一会，就运笔如飞，将序和诗完成了。

不待墨干，冀、崔二人就将写好的一张纸举起来看，称赞诗意幽远，笔法遒劲，二美璧配，相得益彰。子昂谦逊几句，三人又入座喝酒。

这顿酒，直喝到三更头上。二位使者明日一早要赶往梓州，陈子昂只好送他们安歇。三人都觉得今晚的酒喝得很舒畅。

第二天一早，用过早饭，冀、崔二人出门登程。陈子昂骑马相送，拐上大路，直送到十里长亭。

冀、崔二人止住人马，不要子昂再送了，子昂只得停下。二人告诉子昂，这次在梓州大约要有五七日耽搁，子昂可在五日以后去梓州相见。子昂答应着，一边揖二人上车。二人上了车，撩起帘子，往后看着，一边挥着手。他们看见，长亭前，陈子昂牵着马，举着右手，频频摇晃，那身形很是瘦小，但那还留在记忆中的眼神，似乎将身形在脑中放大了。他们觉得面对的是一个肩着天地正气的巨人。

二十九　梓州话别

冀侍御、崔司议到梓州去后，陈子昂的心中一直难以平静，就像似一弯静水，被连续的小石子激起了不断的涟漪一样，心里总是觉得一阵阵悠忽悠忽的。对这种情况，像往常一样地看道经，不能解决问题了。

好不容易挨过了四天，第五天一早，陈子昂就骑上马，赶奔梓州。射洪至梓州将近百里，若是人步行，快脚也得一整天，得从天刚放亮走到月上东山，一天十二个时辰（24 小时），最少也得走上六个时辰。陈子昂骑马，那就快多了。由于心急，他时而打马飞跑，时而由马大跨步行进，因此百里路程，他只不过用了三个时辰多一点。这中间，他在叫做金华的地方停了一下，打尖休息了半个时辰，也让座下的那匹马喘口气放松放松。

下午未时末尾（三点多钟），陈子昂进了梓州。他直接来到驿馆。守门的仆役传话进去，不久，就请他入内书房。

二位使者已在门口等候，行礼寒暄之后，三人进内落座。陈子昂说了自己的焦急心情，冀、崔二人告诉他，明天，他们就将启程离开梓州，取道回洛阳。陈子昂听后，沉吟了一会儿。说实在的，他虽与冀、崔二人没有过深的交情，不像与乔知之、王无竞诸人那样，但总是熟人，毕竟在洛阳数年有些交往。现在家居，好不容易见到了洛阳来的人，可是只有几天就要分别了，怎不令人感伤。冀、崔二人也不免有些茫然之感，尤其是见到陈子昂神色黯然，心里也有些不好受。

陈子昂决定置酒，与冀、崔二人话别送行。

这席酒，气氛有些压抑，陈子昂席间不觉有些微醺。冀、崔二人虽说不是陈子昂的至交好友，但毕竟一同在朝为官，今日在梓州见到陈子昂依依难舍而又强作慰解之态，不免亦颇有感伤。三人边喝酒边抒发心中感慨，一会儿谈及朝廷，一会儿说及梓州风物，不知不觉就到了二更天了。

陈子昂兴致虽不甚高，但这席酒却让他把胸中的郁闷得以尽情发泄，痛快不少。酒酣耳热之际，陈子昂嚷着要作诗，与冀、崔二人留别，冀、崔二人亦兴致来了，决定也写诗留赠，于是就命人备好笔墨纸砚，三人各抒才藻，留下了一段佳话。

冀、崔二人的诗，今已不可见了，陈子昂的诗及诗序仍存，编在文集卷二。这诗和诗序真实地反映了陈子昂当时的思想情绪，所以我把它们完整地引在下面。题目是《赠别冀侍御崔司议并序》。

序云：

朝廷欢娱，山林幽痗。思魏阙魂已九飞，饮岷江情复三乐。进不忘匡救于国，退不惭无闷在林。冀侍御、崔司议至公至平，许我以语默于是矣。夫达则以公济天下，穷则以大道理身，嗟乎，子昂岂敢负古人哉！蜀国酒醨，无以娱客，至于挟清瑟，登高山，白云在天，清江极目，可以散孤愤，可以游太清。一世之逸人，寄千里之道友，吾欲不谢于崔、冀二公矣。所恨酒未醉，琴方清，王事靡盬，驿骑遄速。不尽平原十日之饮，又谢叔度累日之欢。云山悠悠，叹不及也。载想房、陆、毕子，为轩冕之人，不知蜀山有云，巴水可兴。睽阙良会，我心愁然。请以此酣，寄谢诸子，为巴山别引也。

诗云：

有道君匡国，无闷余在林。
白云岷峨上，岁晚来相寻。

这诗序和诗告诉我们，陈子昂此时丁忧居家，却不忘朝廷。他坚持的是“达则兼济天下，穷则独善其身”的原则，他所说的想与白云为伴，退隐林下，其实是一种对精神苦闷寻求解脱的方式，真心并不在这里。诗序后面，想到房、陆、毕子。房即房融，后做到亳州长史；陆即陆余庆，后官为凤阁舍人；毕即毕构，可见陈子昂是一个颇重交友之道的人。

诗一时作好，三人传阅嗟赏，不必多说。将及三鼓，各人安歇。

第二日，辰时三刻左右，三人料理停当。梓州大小官员亦已到驿馆，侍候使者起程。于是冀、崔二人依旧上车，陈子昂骑马与梓州官员送使者出城。出得城来，在五里之处驿亭上，梓州官员早已备好饯别酒，众人聚在亭上，饮酒寒暄作别。冀、崔二人出亭上车，梓州众人回车转马，返回城去。陈子昂却还骑马随车相送。

又走一程，十里长亭上，陈子昂的家人早就等在那里。子昂招呼车队停下，家人招待众随行人等饮酒。陈子昂和冀、崔二人入亭坐下，喝起了离别酒。子昂此时心情激动，颇为伤怀，冀、崔二人亦感子昂殷勤之意，不免亦感情伤。三人对饮几杯，出得亭来。

陈子昂还要相送，冀、崔二人执意不从。他们安慰子昂，此别虽路将渐远，但子昂丁艰有限，不久就可在京师相聚，重叙平生，不必如此伤情。相送百里，终须一别，他们希望子昂善自珍摄，无为自贻忧烦，不久洛阳相见，那时就会更加畅快了。他们还勉励陈子昂，说他是文苑英杰，朝廷可用之材，当思尽忠报国，无为自损精神，丁艰之期一过，便可到洛阳重入朝班，再献嘉猷。陈子昂则殷勤祝愿二人平安回到洛阳，愿二人尽心辅佐朝廷，以济万民，同时要他二人给洛阳的朋友转致问候。

终于，冀、崔二人与陈子昂执手而别，登上了轿车。陈子昂站在长亭的台阶上，泪眼模糊，长久地注视着远去的车队，直到车子没入灰尘之中，还呆呆地站在那里。陈子昂的心感到有些空荡荡的，似乎被冀、崔二人的车子带走了什么。他慢慢地走下台阶，在家人扶持下骑上了马。他感到心中乱，心里空，竟然连马往哪儿走都懒得管，任凭马缰松松地垂着。

我们的诗人，此时是那样的孤独、寂寞，往日的飞扬神采，一下子就都身上跑得没影了。

这就是陈子昂第一次在家居期间会到洛阳朋友的情形。

三十　宴荆府崔兵曹

陈子昂在送走冀珪、崔泰之以后，一如既往，饮酒观道书，游赏畅心情。无奈观书也难以深入，饮酒也不能成欢，游赏虽可赏心悦目，也难以从根本上改变心情。陈子昂是一个以天下为己任，关心政事的人，他怎么能在孤寂中忍受那难堪的精神重负呢？所有的行为都不过是排解，可排解哪里能有显著效果呢？但不能排解归不能排解，饮酒游赏还得饮酒游赏，因为只有在饮酒游赏时，他才可以暂时忘却扰人心神的种种问题，得到片刻的欢乐。

长寿二年一个秋日，子昂吃过早饭，决定到射洪西山去找晖上人，于是骑上了马，领着陈安上了路。

秋日的郊原山峦，景色别有一番情趣。但见，天清气爽，山川变色；头上有大雁列队南行，时时传来互相招呼的鸣叫；放眼望去，川原一片黄色，成熟的稻粱弯着腰，随风摇摆，坡地上的茂草在风中发出飒飒的响声，而阔叶的树木，叶子都被秋霜染成深浅不同的红色，虽然这景物透露出苍茫衰飒的意味，但其仍蕴含着成熟的充实。

陈子昂骑在马上，一边观赏着秋日川原的景致，一边梳理着自己的心情。他似乎觉得自己的心情就如这秋日之景似的，有悲凉之感，亦有充实之意。所谓悲凉，是觉得自己这七八年以来，尽心竭意，想对朝廷国家有所贡献，自己也能博个富贵前程，可惜不被知遇，自己也不能随波逐流，因而毫无结果；所谓充实，是觉得虽未能取富贵成功名，但自己毕竟努力过了。在这努力的过程中，他逐渐看清了世事，看清了一些人，同时也多少对自己的所行所为有一些较为切实的思考了。他觉得自己对人生的理解深了些，不再是那种毛头小伙子似的只有热情而缺乏理智了。就这样，陈子昂到了西山开元寺。

刚到寺门，就觉得与平时不同，门前的树上，拴着两匹马。陈子昂知道，晖上人有客人了。

推开山门，陈子昂步入寺内。一个小和尚立刻从廊上跑过来，说：

“陈相公，上人请您禅房相会。”

陈子昂答应着，问道：

“寺中来了客人吗？”

“是的。说是荆州府来的，正在上人的禅房中。”

陈子昂撩衣直奔晖上人禅房。刚到门外，就听里面高叫：

“陈相公快进来，这里有个崔相公想见见你呢！”

进得禅室，只见面前的禅床上，晖上人坐在那里，禅床前的蒲团上站起一个人。这个人大约三十左右年纪，面庞清秀，身材比陈子昂略高一些，神定气闲，双目如水。此人一见陈子昂进来，跨上一步，拱手施礼，开口道：

“久闻陈伯玉大名，今日得见，三生有幸。仆乃荆州府兵曹参军崔某是也。”

这人是谁？原来是清河崔家之人。这清河崔家，自北朝以来，历代簪缨，是有名的望族，至今尚有十余人在朝为官，陈子昂的好友之一崔融就是这个崔家的一人。这个崔某，也是清河崔氏的一个，不过以前他倒从未与陈子昂谋面。陈子昂一见这人如此爽朗，不由心生相惜之意，亦连忙拱手道：

“先生谬赞。仆本射洪僻远之地一介书生，蒙朝廷不弃，厕身士林，不期今日得会，万幸万幸！”

“不须过谦。二位皆当今名士，就请坐下说话。”晖上人见二人互施礼毕，赶忙招呼。

人生往往就是这样。经常在一起，未必能相互投契，未必能相互了解，弄不好倒长起纷争；而那些志意相投的人，虽远在千万里之外，却早已神契意合，一旦相见，恰似一生一世的知己一样。眼前的陈子昂与崔兵曹，就是这种状况。一见如故，惺惺相惜。

于是二人坐下，崔兵曹首先开口：

“伯玉先辈，族兄崔融曾屡屡言及您的诗文，仆佩服至极，以为当今文宗，非先辈莫属。族兄亦翰林中人，为文章四友之一族兄如此推尊伯玉先辈，定是有见而发，决非空口说白话。仆亦读过先辈的《感遇诗》，真乃有为而作，直面人生，言之有物，动人心弦，清峻劲直，不减汉魏遗风……”

“过奖了，过奖了！”陈子昂连连摇手，“贵族兄与仆相知已久，他的诗也不错，仆不敢专美。”说到这里，陈子昂顿一顿，“不过要说写诗，仆虽不敢专美，却颇有一点意见。诗要当有为，文章道弊五百年矣，汉魏风骨。晋宋以来传之者可说无有，文采繁丽，而兴寄都绝，常恐风雅不作，耿耿于怀。我朝廷体天而立，盛业巍峨，风雅比兴，固当大兴。仆不自量，因此所作企慕汉魏，上近风雅，惜不能发聩振聋，不敢当君之非誉。”陈子昂一说到风雅之音，就来了情绪，所以不免慷慨激昂。

“先辈不独诗作得好，就是于朝廷设施，亦颇多卓见。此为天下所共知，非独仆之奉承。惜朝廷未能体先辈之深意而别有所求。先辈人品文章，卓然一世，令仆景慕。”崔兵曹这回将话锋又转到了朝廷，于是两人就畅吐心中所郁闷的情绪了。从武承嗣、武三思等专权说到酷吏，说到当今正直之士的处境艰难。说到愤激处，须眉皆张；说到凄苦处，令人心悲。两人都找到了倾诉心里话的对手了。什么是知己，这就是知己；什么是朋友，这就是朋友。不像有些所谓的朋友，是以利相和，甚或同恶相济，一遇到利害，就分道扬镳，甚至会落井下石。当然，知己的朋友，哪个时代也不多。

这一场长谈，一谈就是两个时辰。小和尚进来，告知饭已备好，这场谈话才算暂停下来。

晖上人是有道大德，给二人备办了精致的素席。这素席，色味俱佳，真真令人胃口大开。晖上人当二人谈论之时并没插言，如今坐在席上，一边劝二人饮酒，一边就以物喻道，给他们讲起了禅法。佛法微妙，而与玄相通，道家讲心斋坐忘，回归自然，反璞归真。佛法言色即是空，空即是色，色空一体。在不凝于物，不为物役上，二者是一致的。晖上人就从这入手，开解陈崔二人，二人也就略有所悟，心情好不少。因此，这顿素席，吃得还是相当有滋味，相当有兴致。

酒酣之际，陈子昂说：

“今日之集，虽非兰亭盛会，亦颇可记述。你我三人，畅论朗谈，虽不能说已探大道，亦可谓妙理沉微，不可不述。况崔君远道而来，以贵胄之身，交烟霞之人，可谓千载之下，风期遇合，犹不可置而不存。当各为诗一首，六韵成篇，仆不才，敢为一序，以记雅会，二位意下如何？”

当然未有不同意的。就是平时宴集，席中人也需赋诗为序以记，何况今日之会，确是妙论深微，风期遇合，不可多得呢！

于是，三人都写了诗，陈子昂作了序。崔兵曹和晖上人的诗，现今都已不存，陈子昂的诗与序则存于文集卷二。且把这诗和序抄在下面。序曰：

若夫尊卑位隔，荣贱途分。使卿士大夫，倚轩裳而傲物；山栖木食，负林壑而骄人。未有能屈富贵于沉冥，杂薜萝于簪笏。天人坐契，相从云雾之游；风雨不疲，高纵琴尊之赏。崔兵曹紫庭公胄，青云贵人，以钟鼎不足以致奇才，烟霞可以交名士；皇华昭国，怀凤绋而高寻；白驹近游，邀兔置而下顾。大矣哉！生平未识，一见而交道遂存；此日披怀，千载之风雅坐合。支道林之雅论，妙理沉微；崔子玉之雄才，斯文未丧。属乎金龙掌气，石雁警秋，天泬寥而烟日无光，野寂寞而山川变色。芸其黄矣，悲白露于苍葭，木叶落兮，惨红霜于绿树。尔其高兴洽，芳酒阑，顿羲和而不留，顾华堂而欲晚。长歌何托，思傅稽古之文；受命小人，率记当时之事。人探一言，六韵成篇。

诗曰：

輶轩凤凰使，林薮鹍鸡冠。
江湖一相许，云雾坐交欢。
兴至崔亭伯，言忘释道安。
秋光稍欲暮，岁物已将阑。
古树苍烟断，虚庭白露寒。
瑶琴山水曲，今日为君弹。

陈子昂在序和诗中，用了几个典故，以切合当时的情形。序中提到两个古人：支道林和崔子玉。诗中也提到两个古人：崔亭伯和释道安。支道林，东晋时名僧，有盛誉，善清谈；释道安，西晋东晋时名僧，永嘉中避乱南迁，至襄阳立檀溪寺，后被苻坚送往长安，弟子慧远有名。序和诗中，以支道林、释道安称指晖上人，说他也是有名的高僧。崔子玉，崔瑗，字子玉，东汉涿郡人，崔骃次子，习天文、易传，官至济北相，有文辞，著有赋、铭、颂等57篇；崔亭伯，崔骃，字亭伯，与班固同时齐名，亦善赋、颂、诗等，作22篇。序与诗中以之谓崔兵曹，切合崔兵曹之姓，非常贴切。

三人作好诗，互相赏叹了一番，都感到心中似乎充溢着说不清的东西。他们明白，在人生中这一刻没有白过，他们各自从他人那里接收了温情和力量。这温情使他们都升了温，这力量能帮助他们面对生活。他们很满意，很高兴。确实如此，人世间最可宝贵的东西之一，就是相互建立在理解基础上的友情，这友情比金子要珍贵多了。可惜人们在一生中能得到这种友情的机会太少了。

分别的时候，崔兵曹与陈子昂执手相对，情意殷殷，真是依依惜别。不过虽惜别，终得别，重情的陈子昂竟觉得自己心中有些酸酸的。他知道此一别，要想再见，可就难了。他迟迟地跨上马，回转身子，望着新朋友老相知好久，最后才打马疾驰。身后留下一道灰尘。

三十一　结交新朋友

别过崔兵曹，陈子昂在孤寂之中又过起了往常的日子。时光这东西，你有事干的时候，它走得比什么都快；你百无聊赖心情苦闷的时候，又觉得它慢腾腾地比什么都慢。

陈子昂不太痛快，于是便喝酒消愁，时不时的要去西山开元寺，找晖上人谈禅论道，领略山中风光，体会融入大自然的那种令人忘记了一切烦恼的情味。虽说时已入冬，但射洪地方，仍然流水潺潺，绿竹挺拔，那景致也就够令人心情开朗的了。

冬季的一天，子昂离家又准备往西山去散心，刚走出不远，就见二人骑马而来。这二人，一个差役打扮，一个官员冠带。子昂近前一看，原来这差役是射洪县的班头，后边的官员却并不相识。那差役见到子昂，滚鞍下马，上前拱手请安道：

"陈相公，好久不见，你老可好！"

陈子昂虽是朝廷官员，可现在休官家居，而且他与差役并非上下统属关系，所以他见人家客气，自己也不能过于托大，因此亦下马还了一拱，道：

"多承班头动问，凡百粗安。"顿了一顿，子昂又道：

"不知班头赶早要往何处去？这位相公是谁？"

班头见问，回过身来招呼：

“参军大人，此位即是陈相公。”然后转身对陈子昂说：

“此位是来此间公干的马参军，素闻相公大名，特意赶来拜见您的。”

“啊！不敢劳动。”陈子昂赶忙向已经下马的参军说道。

“枉驾相顾。就请前往寒舍，容我略尽地主之谊。”说完，又深深一揖。

马参军年纪不大，约有三十五六岁，身材比陈子昂略高，人却较为文气。当时抢上一步，一揖到地，诚恳说道：

“马某往年在神都（即洛阳，武则天改称神都）诠选，知都下盛赞先辈文章，某读先辈之文章诗赋，亦觉爽气逼人，英磊慷慨。今来梓州公干，知先辈丁忧在家，故请射洪县帮忙，前来拜望。不期于此相遇，实马某之幸。”

陈子昂又与之说了几句，就上马转头，赶奔家中而来。陈子昂陪着马参军信马慢行。陈安则先行回府加以准备。

进得陈府，陈子昂即请马参军书房落座，家中婢女献上香茗。马参军要求观赏陈子昂的诗文作品，子昂却不过，只好将以往所作部分诗文拿出，请马参军观看。

陈子昂的诗，都是有为而发，可谓言之有物。陈子昂的字写得也甚为漂亮，虽不以书法名家，但亦是气势阔大雄强，颇有些意思。马参军一见之下，不由不深为折服。于是，他对陈子昂说：

“往年在神都，都下盛传先辈之《感遇诗》，今日再睹，尚觉英气逼人。先辈之诗，言之有物，不作绮靡之语，足以振聋发聩，发人深省，仆今日受教了。”

“哪里。君之称赞，令人愧赧。仆之作，确不想步齐梁后尘，惟志大学浅，尚不能令人满意。我朝廷开百代鸿基，文运将大兴于时，仆虽不能超轶前贤，实有意为盛世润色，追先贤步武，直趋汉魏之域。先生幸有以教我，则子昂当恭而听之，以期有所长成。”陈子昂知道，马参军不是有意奉承，便也坦言自己的想法。当然这说法也还是有些客气，因为他和马参军还没到相知极深之地步。

二人相对落座，陈安排上几样精致下酒菜，拿出蜀中上好佳酿，他们便对饮起来。

马参军亦是进士出身，但落后陈子昂几年，所以亦对诗赋颇有体会。二人酒酣耳热之际，不免就议论到诗赋及政治上来。

“伯玉先辈，你胸怀大志，激昂慷慨，正色立朝，公忠体国，仆实在佩服。观皇帝倒甚为对你赏识，可却不得大用。蹉跎岁月，以迄于今，着实令人感叹。先辈望当今朝廷，凡所任用，都是与张氏兄弟或武氏兄弟叔侄有关系的。先辈仅靠才华干练，怕是没找对路啊！”马参军酒喝得多了点，不免就把平日心中所念的事说了出来。要在平时，他大概不敢说什么张氏、武氏兄弟之类话的。武氏兄弟叔侄，前已说过，不必多讲。这张氏兄弟，倒可简略地说一说。

张氏兄弟就是张易之、张昌宗二人。这兄弟二人，都是武则天的面首。所谓面首，就是陪武则天吃喝玩乐睡觉的。张易之人称张五郎，张昌宗人称六郎；张易之身材魁梧，高大颀长，白皙如玉，既耐人望，又有几分男子气概，武则天选面首也是有眼光的。张易之，当时任卫尉少卿，很得武则天喜欢，几乎天天都在一起。张昌宗是张易之的弟弟，此人长得面容姣好，身材也颇妙，白皙如玉不说，竟然白中透红，所以貌似莲花，人们就称之为莲花六郎。此人更得武则天宠爱，常随左右，时在所谓的奉宸府。这兄弟俩，小人得志，忘乎所以，依恃陪武则天睡觉，在朝廷上极为猖狂，想说什么就说什么，想抬举谁就抬举谁，想给谁好看，那个人就倒了楣。

当时朝中的大臣一看这个架势，好多人就开始盘算自己的路子了。有些人走武三思、武承嗣的门坎。有些人就走张易之、张昌宗的门坎，不论走谁的门坎，都得到了格外的照应，官升得快，好处捞得多。这下子可苦了那些稍存良心不肯出卖自己尊严人格的人了。对不起，这些人只能按常规慢慢地迁转，就是迁转也没好地方，这是好的。不好的，武氏兄弟叔侄和张氏兄弟还常要找你的岔子。轻则倾家荡产，被贬到荒僻的外地；重则把吃饭的家伙弄丢了，只好等着下一次轮回了。

马参军说的就是这种情况。

“马君!”陈子昂高叫一声，端起酒杯，一饮而尽，“别说了，说起来令人头疼。我朝中竟然如此，耻辱啊！耻辱啊！我陈某人堂堂五尺男儿，岂能作那等鼠窃狗偷的丢人勾当，要我去阿谀奉承他们，比登天还难！大丈夫有所为，有所不为，不能为势利富贵而移了本心。不遇不通，实在是命啊！何苦把自己降到猪狗那一流呢!”陈子昂也喝多了，说话的气也粗了起来。他在这个新朋友面前，竟然把胸中的积郁像竹筒倒豆子似的倒了出来。

“伯玉先辈，令人佩服，令人佩服！好一个大丈夫有所为有所不为，今日仆得识先辈之透明肝肠，足见先辈高风。先辈之言，仆要谨记。立身处世，此为根本，先辈说到点子上了。”这马参军也是个有气血的汉子，说着说着就来了情绪。

又喝了几杯，马参军又说了：

“先辈，仆观世人之诗文，齐梁积习尚浓啊。言辞靡丽绮曼，所咏不过风月花草，简直是教化之罪人。然读先辈所作，总觉内含勃郁不平之气，包容天下黎民之心，风清力劲，掷地当作金石声。我朝诗文，从先辈起当得焕然一新了。此非仆之谀词，此乃外间众人公论。”马参军态度坦诚，微红的脸上，亮晶晶的眼睛紧紧地盯着陈子昂。

“君所言，子昂愧不敢当。不过，子昂决意要变齐梁之绮靡，复汉魏之风骨，这倒是夙志。能有君这等志同的朋友，诗文坛的面目将一大变，子昂定当努力，愿与君等共勉。古人云三不朽，诗文小道，有仁义存焉，其助教化，淳风俗，功用大矣。诗言志，诗咏情，其志其情即见其人矣。”陈子昂激昂了，他这样谈诗论文，倒真不多见。这话真实地道出他的心声，也是他后来在理论上提出复汉魏风骨，进行诗歌革新的思想基础和动力。

二人就这样，一边喝着酒，一边海阔天空地谈论起来。陈子昂谈到兴处，旁若无人，神采飞扬。这是陈子昂好长时间未有的状态了。

再尽兴的酒宴总得散场。临近酒喝得差不多的时候，马参军表示要告退。陈子昂余兴未尽，便说：

“仆与君今日相逢，顿成知己。这个聚会虽然不大，但亦颇可纪念，怎可无言。仆意以诗记下友情，君以为如何?”

马参军哪有不同意之理。于是陈子昂命家人准备好应用物事。只见他凝神静气，沉思了一会，就手握大笔，在洁白纸上写下了《与马参军相遇醉歌并序》几个字，然后就刷刷地写完了序文和诗篇。这篇序文和这首诗，编在文集的第二卷，且把它抄在这里。

吾无用久矣。进不能以义匡国，退不能以道隐身。天子哀矜，居于侍省，且欲以芝桂为伍，麋鹿同曹。轩裳钟鼎，如梦中也。南荣暴背，北林设置。有客扣门，云吾道存。孺子孺子，黄中通理。时玄冬遇夜，微月在天，白云半山，志逸海上。酒既醉，琴方清，陶然玄畅，浩尔太素。则欲狎青鸟，寄丹丘矣。日月云迈，蟋蟀谓何。夫诗可以比兴也，不言何著？时醉书散洒，乃昏见清庙台，令知此有蜀云气也。毕大拾遗、陆六侍御、崔议司、崔兵曹、鲜于晋、崔涵子、怀一道人当知吾此评是实录也，若东莱王仲烈见之，必以为真醉。歌曰：

独幽默以三月兮，深林潜居。
时岁忽兮，孤愤遐吟，谁知吾心。
孺子孺子，其可与理兮。

陈子昂在诗序中回忆了在朝中的情况，说自己无用，天子哀矜，颇有些正话反说意味，所以他说“如梦中耳”，序中又叙说了现今的情况与想法，表示自己可以“狎青鸟，寄丹丘矣”，透露了隐遁的思想。青鸟，传说是西王母的使者，为西王母取食；丹丘，即传说的仙人丹丘生，李白后来在诗中也提到过他，引用此两名，见出陈子昂想往仙人的心思。因此，这篇诗及序文，可说较真实地表达了陈子昂当时的精神状态和打算。

三十二　堂弟病逝

长寿二年，陈子昂春天送走了冀珪和崔泰之二人，送别了崔兵曹、马参军，每日在家读道经，间或到后花园父亲的丹房中，看望父亲，有时也到开元寺寻晖上人谈谈禅，议议玄。日子就这样打发了。

真所谓天有不测风云，人有旦夕祸福。陈子昂的堂弟陈孜在七月间突然病逝了。这个陈孜，是陈子昂叔父陈元爽的儿子。陈元爽早卒，陈孜幼孤，陈元敬对陈孜爱如己子，将其抚育成人，帮他娶妻立室。陈孜的家就在陈子昂家不远的地方，当其罹疾之时，陈子昂经常前去探视，帮助料理家事。

陈家自祖上由陈国迁蜀，已历十二世而至陈子昂、陈孜，从祖父陈辩以来，陈家人丁不旺。陈辩二子，元敬、元爽，元爽早卒。元敬、元爽各有一子，现在陈孜又正当青春壮年，罹患重疾，怎不让陈子昂感到悲痛呢！陈子昂从小就视陈孜如亲弟，直到陈孜成家立室，还经常过从。所以，从陈孜得病起，陈子昂几乎每天都遣人去问。自己也隔日必亲去探视。

虽然多方延医诊治，但不知什么缘故，陈孜的病不但不见好转，反而日渐沉重。陈子昂心如火焚，但却无可奈何，那心情真是难描难述。

自夏天得病，延到七月初秋，陈孜终于要不行了。

这一天，陈子昂一大早就赶过来看望。但见陈孜双目紧闭，面色黯然，呼吸都甚为困难。陈子昂心中不由一阵酸痛，忙上前坐在陈孜身边，双眼紧盯陈孜，双手轻轻地摸抚着陈孜的右手。

也许是心灵交感，也许是陈孜昏迷中突然清醒，就在陈子昂轻轻抚摸他的时候，陈孜的双眼睁开了。他的目光直直地盯在陈子昂的脸上，无光的瞳仁渐渐地有了精彩，黯然的脸上也微微泛起了红，喘气也粗了。陈孜突然抓住陈子昂的手，低低地叫了一声：

“伯玉兄!”

陈子昂赶忙俯下身子，他知道陈孜就要不行了，这会儿也许是回光返照。陈孜有心思要说，所以子昂决定一定要让这惟一的堂弟安心地走。

“无怠，我在这里。有什么话你就说吧！为兄定会替你料理的。”陈子昂轻轻地然而清晰地对陈孜说。

“伯玉兄，我陈孜始通诗礼，略观史传，不敢希立旷代之业，亦颇崇德服道，愿有所树立，可叹遭命不造，皇天弗佑，今日一见，永幽黄泉。我陈家就靠你了!! 兄文炳日月，质实贞正，定能光大门楣，泽及后人。望兄努力，不坠先人之业，则孜虽没幽域，感同身受啊!”说到这里，陈孜的手握得更紧了，脸上更红了，显见他在集中最后一点精气，要做一番托付。陈孜喘着粗气，断断续续地说：

“伯玉兄，你同我实为一体，我今而逝，遗下家室幼子，盼你能视同己出，加以照料。俾他日有所树立，则我虽成枯骨，而不敢忘大德也。所有家资，托你代为经理，以使他母子生计无虞。伯玉兄，你可答应?”陈孜的双眼定定地看着陈子昂，喉中阵阵痰响。

“无怠弟，你所托付，子昂不敢有违。你去以后，你子即我子，我定当要为照料，他日要他承你家业。家中资财，我派人查点经理，妥为营运，一切你都放心。只要我在，君之家事必无可虑。”陈子昂握着陈孜的手，一字一字地说。

陈孜点了点头，他放心了，他深知堂兄的为人。他知道这个豪侠的人点了头的事，那是无可怀疑的。于是，他长长呼出一口气，双目翕上了。陈孜平静地去了。一个年仅35岁的人，走完了他一生的路。所幸，他最后是怀着满足的心情离开这个世界的。

接下来就是连续几天的忙碌，不用细说。由于卜兆不吉，陈孜的棺椁（guǒ，音果）没有立时下葬，暂且安放在真谛寺的北园，准备以后再择吉入土。

几天下来，陈子昂确实感到疲乏劳累。当他安顿好陈孜家的庶务，安排了陈孜的遗孀和幼子以后，他真不能再坚持了。他回到了家，一头倒在床上。这一夜，陈子昂睡得很沉。

陈子昂是个重情的人。当他第二天醒来，精神有所恢复以后，他不由想起了陈孜以及人生种种问题。以后数日间，陈子昂都感到心情沉重，眉头不展，弄得家里人都不知所以。

就这样，陈子昂过了孟秋七月。

三十三　返回东都

转眼到了仲秋八月。

按照唐时的规定，官员士人为父母守孝三年，满 25 个月即可，陈子昂天授二年（691）春末，丁继母忧解官返里，至此长寿二年（693 年）秋，已过 28 个月了，他该回到东都报到，听从安排了。本来六月就该起程返洛阳，但堂弟陈孜患疾，不久病故，所以拖到八月初，陈子昂才辞别老父，至合州乘舟沿江而下，取道荆襄，径返洛阳。

陈子昂此时思想是矛盾的。一方面，居家二年，使他有机会检讨自己的人生追求，检讨以往的经历。从这检讨中，他似乎觉出了自己的努力没有什么结果。他看到朝廷中虽武则天还称干练，但武氏子弟都在结党营私。武则天代唐立周，亦网罗酷吏，放纵武氏，朝廷不是能有所为的。陈子昂虽然不能认识封建政治的本质就是如此，但他从现象上已经把这个问题看得较清了。因此，他对继续从事实际政治没有什么信心，也减少了很多兴趣。另一方面，家居二年多，他思考了人生的根本问题，家庭浓厚的道家气氛，诸多变故，使他觉得人生如为外物所役使，是一件痛苦的事，所以他思想上时时冒出隐居养生求仙的念头，这使他对再度为官的热情有所降低。虽然如此，陈子昂毕竟是陈子昂。他对朝廷，对政治还未能完全忘情，有时想回到洛阳，投身政治的心情是那样的急切，甚至有些焦灼，特别是他在家乡，缺少朋友，很少有谈得来的知音，更使他对洛阳的朋友深切思念。这些都使他想回到洛阳去。有一段日子，陈子昂就陷在这种心灵的矛盾之中。

但从政之思和对朋友的情谊终于占了上风。于是陈子昂略加打点，告别了父亲，带上了家人陈安，取路合州。

这次告别父亲与前一次不同。文明元年（684 年），子昂第二次入京考试，那是距今九年前的事了。那时父亲六十刚过，身体康健，还有母亲在身边，家中的一切都安排很好。可现在，继母过世，父亲年过七十，虽无什么疾患，毕竟有些衰老，精力也大不如前，这使陈子昂对家中的事务有些放心不下。因此，此次话别，父亲和儿子二人相对无言，颇有些凄凉意味。凄凉归凄凉，走还是要走。最后，陈子昂给父亲磕了头，洒泪拜别。

人生往往如此。正在做的事情，未必是最愿意做的事情；最想做的事情，又不能如愿去做；真如愿了，也未必觉得怎么样，反而有更大的失落感。人生有得必有失，得未必值得高兴，因为失去的也许更多；失也未必值得特别痛惜，因为失去了这个，也许得到的是更多的东西。人生偶然的东西太多。

到了合州，陈子昂主仆赁了一只中型的江船，放船直奔渝州。在渝州稍事停留，采办些物品以备江行所需，然后就放船而下。

由渝州过涪陵，经丰都，陈子昂上岸稍作盘桓。不日，船至忠州。忠州这个地方，唐时是个较为贫穷偏远，民风强悍而文化落后的地方。虽是一个码头，设州立府，但还是很为萧条。陈子昂像在别的地方一样，趁停船整理的时候上岸走一走。这一走，却见到了以前会过的熟人。

这熟人就是吴参军和牛司仓。原来十多年以前，陈子昂由射洪入京师，就在忠州这个地方会过这两位，不想十多年后，又能在忠州江亭相遇，当时三人十分高兴。于是，陈子昂决定就在江亭上与吴、牛二人欢饮一场，然后再放舟东下。

人游宦在外，或关山独行或江上放舟，是很为寂寞的。那时只要有人可以谈话，就是非常令人高兴的事了，何况还是以前会过的熟人呢！所以陈子昂与吴、牛二人虽说不是深交的知己，但大家还是非常欢悦。因此，这顿酒喝得就很为畅快。大家一边动问，叙说十多年前别后的情况，一边频频举杯。当说到子昂高中进士，多次蒙武则天召见，吴、牛二人不免嗟叹羡慕；说到子昂丁忧，又都不免感喟人生短促；言及吴、牛二人，十多年官位不达，不免愤懑感伤；问到家乡情况，又不免引起怀乡情绪。但这样的酒席，终不是感伤嗟叹的时刻，所以大家喝得相当尽兴。

酒到酣畅之时，陈子昂豪兴大发，提议每人作一首五言诗以纪今日相逢之乐。吴、牛二人欣然应承。二人说，陈子昂诗文英伟，早著声誉，怕自己作得不好。子昂于是勉励二人，多所解说。终于，三人的诗作完了。当然，吴、牛二人看陈子昂的诗，有气势，有风力，音韵铿锵，而情意深厚，自叹弗如；陈子昂则对二人之作亦加鼓励，有所表彰。三人都很高兴。可惜，这些诗都没能保留下来，我们难以看出吴、牛二人的文才。

作完了诗，吴、牛二人又要求陈子昂为这次集会写篇序，以纪盛况，以叙友情。陈子昂正在兴头上，于是欣然命笔，作成了《忠州江亭喜遇吴参军牛司仓序》这篇文章。这篇文章现在倒保存的好好的，编在文集卷七。文章写得相当精彩，有叙有议，情真意切，分寸感极强。这是认识子昂思想，了解他生平的一篇有价值的资料，现将全文抄在下面。

日月交分，春秋代谢。昔岁居单阏，适言别于兹都；今龙集昭阳，复相逢于此地。山川未改，容貌俱非。叙名宦而犹嗟，问乡关而不乐。云天遂解，琴酒还开。新交与旧识俱欢，林壑共烟霞对赏。江亭迥瞰，罗新树于阶基；山榭遥临，列群峰于户牖。尔其丹藤绿条，俯映长筵；翠渚洪澜，交流合座。神融兴洽，望真情高。觉清溪之仙洞不遥，见苍海之神山乍出。既而行舟有限，嗟此会之难留；别日无期，叹分歧之易远。徘徊北渚，惆怅南津；江陵之道路方赊，巴徼之云山渐异。嗟乎！离言可赠，所愿保于千金；别曲何谣，请各陈于五字。

这真是一篇好文章。兴叹，觉叹中之有物；叙情，识情意之绵邈。文章音节谐调，转折自如，尚在其次。序写完了，吴、牛二人览之一过，不觉同声叹赏。

这一次偶然相逢，又给陈子昂寂寞情怀注入了一丝亮色，使他觉得人生尚有很多乐趣，因而不必过于悲观消沉。这个好的情绪支撑了他好长时间。

三十四　重燃政治热情

长寿二年九月，陈子昂长途跋涉之后，终于回到了洛阳。他先到吏部销假，等待安排。这期间，他遍访洛阳那些老朋友，叙友情，畅欢愉，又恢复了往日的那种精气神采，过上了以往那种生活。

到了十月底，吏部按照常规将陈子昂转为右拾遗这个官。右拾遗这个官，品位不高，只有八品，但却是朝廷亲近之臣，职掌拾遗补阙，是个谏官。此官以前未有，是武则天时所设。因中书、门下二省均设此官，中书省在皇宫右侧（西边），称右省，中书省拾遗称右拾遗；门下省在皇宫左侧（东边），称左省，门下省的拾遗称左拾遗。陈子昂做的是右拾遗，就是中书省的拾遗了。

转眼过了新年。这一年是长寿三年，五月武则天改元为延载。

这年正月，突厥可汗骨笃禄卒，遗子年幼，于是骨笃禄之弟默啜自立为可汗。默啜立为可汗，唐朝并没有什么不友好的表示，但默啜却称兵寇灵州。于是这年三月，武则天以僧怀义为朔方道行军大总管，帅契必明、曹仁师、沙吒忠义等十八将军，以讨默啜。

这个僧怀义是干什么的呢？他为什么能领兵打仗呢？

僧怀义不用说，是个和尚。他本姓冯，名叫小宝，家住京兆府鄠县（今陕西户县）。这个冯小宝，以卖台货为业，但他长得高大，很有精神，并且身体强壮，很有膂力。冯小宝在洛阳摆摊的时候，与宫中的千金公主的侍儿不知怎么就勾搭上了，也许因为冯小宝长得颇为吸引人的缘故吧。后来此事就被公主知道了，公主当时就大怒。那个时代，一个平民，竟然把公主的侍女给搞上了手，那是很大的罪过了。公主想治冯小宝的罪，审问侍儿，侍儿就把冯小宝的情况说了。公主一听有些明白了，原来这冯小宝敢情长得魁伟，颇有精神，且又很有力气，把个侍儿给迷住了。公主就要侍女把冯小宝找来，她要亲自看看这个人怎么样。侍女去和冯小宝一说，起初冯小宝还很有点担心，但又一想，觉得一来事已经闹出来了，怕也没有用；二来凭自己的相貌，也许公主也会被迷上呢。是福不是祸，是祸躲不过。这么一想，冯小宝把心一横，就随侍儿进了宫。七拐八拐来到千金公主面前，撩衣跪倒，拜见公主。公主睁开双眼一打量，心中不由一动，怪不得这小妮子敢舍命闯下大祸，敢情这冯小宝真是又漂亮又魁伟，而且看样子身材壮实，极有精力，不但是个人样子，更是一个药罐子，专治女人思春病的好料子。

看到这里，公主心里就思量开了："这个冯小宝，如此精壮，可有大用。要说惹人喜欢，那是不用说了，难怪侍儿对他迷恋，连我也想要他陪一陪。"想到这里，千金公主不免有点心跳，脸上也发了热，不过这千金公主这时倒还能把持住自己。她及时地把思绪拉了回来，想到了武则天。她知道武则天现在最需要好男人，于是她就有了主意。她决定把这个冯小宝送给武则天，这样，她就可以保证自己的地位不受威胁，说不定武则天还会对她另眼相看呢。

千金公主于是去见武则天，对武则天说："冯小宝有非常之材用，可以让他做近侍。"武则天不明所以，千金公主就把冯小宝的情况作了介绍。一听之下，武则天觉得正是自己想的，那心里就动了起来，就让千金公主将冯小宝送进来，自己当面看看。

冯小宝被召入宫，武则天见了，觉得他真是个人样子，又是个好药料子，那心里就喜爱异常。于是，当时就把冯小宝留在宫中。这一留，武则天就更满意了，她感到了生平少见的快乐与满足。于是，冯小宝专门伏侍武则天，武则天对他也是恩遇非常，极为宠爱。

但这个事传出去实在不太好听，一个卖货的人被召入宫，日夜伏侍"圣母"，不像话呀。为了掩人耳目，武则天就想了个主意，让冯小宝剃发为僧，这就便于出入宫中了。小宝出身低微，让大家知道了，面上不好看，于是武则天就让太平公主的女婿薛绍与小宝合族，改小宝的冯姓为薛姓，并且让薛绍以季父之礼事冯小宝。这倒也说得过去。太平公主是武则天的女儿，薛绍是太平公主的丈夫，冯小宝是武则天事实上的情人，薛绍称其为季父也是可以的。就这样，冯小宝改称薛怀义。此后出入宫禁，乘坐宫厩的马，有宫中的太监侍从。诸武氏权贵，见了怀义都要跪下磕头，世人称怀义为薛师。

后来，怀义要武则天把东汉时的洛阳白马寺给他重新修好，他自己做寺主。以后就造《大云经》，结明堂，替武则天造舆论，武则天封他为梁国公，后改鄂国公，拜左威卫大将军，后改右卫大将军。

这次默啜兵犯灵州，为了让怀义有功劳可以炫耀，武则天就令怀义为朔方道行军大总管，领十八将军往击之。

当大军未集，任命刚下之际，陈子昂上了一书，谏武则天不要用兵。这篇奏书，据罗庸的《陈子昂年谱》，说是编在文集卷九的《谏曹仁师用兵书》。姑暂依罗谱而说。这篇书，倒不长，主要是说让曹仁师等出兵，耀武塞上，倒是可以的，但恐怕曹仁师等专以务得为利，不以全兵为上；恐怕曹仁师等到塞上时正值冬季，转运不利，士马沦丧，未必成功，云云。这篇奏书缴上，当然也没有下文，不过不久默啜就自灵州退走漠北，因此这次所谓讨击行动就停下了。

陈子昂从家乡回京，他并没有忘情政治。他在蜀中所作诗文中所说的那些观大化、求丹丘、栖白云之类的话头，不过是文人常态，偶然发发牢骚，抒抒郁闷而已，不可以当真的。不过，虽然陈子昂未忘情政治，政治倒未必对他另眼相看，一个不美妙的前景正等着他呢。

三十五　遭陷入狱

真可谓是“天有不测风云，人有旦夕祸福”。正当陈子昂满怀激情准备重新投入政治，在拾遗这个官位上尽心尽力尽职尽责，继续实现他赞佑王化、济世济民大志的时候，一个重大的打击像霹雳一样砸在了他的头上。

这一年（长寿三年）春夏之交，陈子昂以附逆的罪名被抓进了大狱。

监狱这种东西，从来都是国家暴力的重要组成部分，是压制消灭敌对分子的工具，在专制时代，是掌权集团为维护自己统治的有效而且有力的武器。当然，监狱的另一功能，是打击或阻遏社会上那些破坏生活准则、扰乱社会秩序、伤害平民百姓——皇朝顺民——的势力，不过这个功能和前一个功能比起来，地位就差得太远了。

监狱既然是为消灭对统治集团不利的力量而设立的。它的背后就有强大的力量支持着，因而监狱永远都是令人恐惧的地方。在旧时代的中国，监狱更是让人一进去就索然无生气的地方。尤其在酷吏横行、刻意陷害良善而最高统治者又加以鼓励和纵容的时候，监狱就更加让人心惊胆战。西汉初年，太尉周勃曾被吕太后投入监狱。这个周勃，是刘邦的中涓之亲，随同刘邦起事，南征北战，立下了赫赫战功，很得刘邦的信任。就是这样一个人物，却被监狱和狱吏这些小人物吓坏了。他后来被放出来以后告诉人家说，自己领兵百万之时，叱咤风云，威风八面，现在才知道狱吏之尊。这种心有余悸的话，反映了狱吏因背后力量的强大而蛮横残暴。

陈子昂是个八品的小官，他被陷害牵连而入了监狱，那种形势该是何等的危急，那情景该是让人多么心惊肉跳啊！当时的情况，若是加以形容，说是千钧一发，一点也不夸张；陈子昂当时的感受和心情，若说是肝胆俱裂，也决不会过分。总而言之，危殆至极，惊恐至极。

这次事变，在陈子昂的人生经历中绝对是一件大事。可惜关于这方面的记载绝大多数没有留下，也许当时就没有记载。就陈子昂来说，他恐怕不敢把情况写下来。如果写下了，若是万一被人发现告密，那他就必死无疑，而且要累及家人，祸延九族的。陈子昂未必有这个胆量。其他人对陈子昂虽可能同情，也不可能冒风险写什么不必要的记录，更何况陈子昂官低人微。也许有些人还认为他是咎由自取呢！因此，陈子昂因何被陷，因何人被陷，都不能确切的知道，只能从陈子昂出狱后给武则天的《谢免罪表》中，知道他是“误识凶人，坐缘逆党”，因而被投入监狱的。这个“凶人”是谁，也不知道，因何就被诬为逆党，事由亦不清楚。不过，从当时的整个政治背景，从这个背景之下武则天的子侄们的行为和他们惯用的陷害人的手法上，联系与陈子昂有关系的人的遭遇上，人们可以做一个大约的推测。这个推测，当然还不能说就是实情。但是无风不起浪，这个推测，虽不中亦不远矣。

先从武则天说起。

武则天上台以后，怕大臣们不服，因她杀宗室，改皇统，废唐立周，所以她就想方设法要把那些不肯依附自己的大臣们去掉，但一个皇帝又不能无缘无故杀人，至少在表面上不能随便杀人，于是就想出了一个非常恶毒的办法。一是在玄武门外设了个所谓的“铜匦”，就是一个大铜柜子，上面开着口子，可以投入纸张，下边有取纸张的小门（类似今天邮政信箱似的，不过比邮政信箱大多了），让兵士守着这个铜匦，任由各色人等告密揭发。只要有人揭发，然后就派酷吏穷治，非把你弄死不可。简言之，武则天就是公开鼓励互相告密。一个君主，鼓励告密，那天下还有不乱的。所以，一时间，告密之风大盛，奸恶之徒成了时令人物。他们无中生有，诬陷良善，借以升官发财，搞得天下沸沸扬扬，乌烟瘴气。第二，与告密之风相适应，武则天大量录用酷吏，公开纵容、鼓励他们残酷折磨、杀害所谓的“逆党”。只要酷吏说是“逆党”，那就照准，而且给酷吏加以奖赏。结果是酷吏横行，为所欲为，天下变成酷吏的天下了。

与武则天的鼓励相呼应，诸武和酷吏们只要看谁正派，谁不顺他们那个邪恶的眼，就轻轻加上一个谋反的罪名，或加上一个逆党的罪名，然后加以残酷的刑罚，搞得你家破人亡才算完事。应该如实地承认，武则天当皇帝的时代，是一个酷吏横行的时代，是一个政治高压的时代。历来的专制暴君，都是以这种手段来维持自己统治的。

下面，就两件事推测陈子昂入狱的缘由。

三十六　为宗人所累

陈子昂本来是竭诚拥护武则天的。唐高宗刚死，武则天就召见过他，以后又多次向他征求治道问题，使他觉得自己好像要成为辅佐大臣了似的，所以他很尽力。当武则天终于代唐立周的时候，陈子昂迫不及待地奏上了《大周受命颂》四章，认为这是天命有归，百瑞呈祥，武则天当皇帝是顺天应人，万国咸欢的。这是十足的媚态。因此说，陈子昂是武则天的忠实追随者，他哪里会成为什么“逆党”？

不过，陈子昂不可能是“逆党”是一回事，这并不能保证别人不把他当成“逆党”，却是另一回事。他所以被投入监狱，就是由于被人认为是“逆党”的缘故。

缘何会被认为是“逆党”呢”？原因之一，恐怕出在他曾给武则天上了一道奏书，替他本宗的一个名叫陈嘉言的人申冤。

陈嘉言何许人，情况不明，仅据陈子昂的《申宗人冤狱书》，可以知道一个极模糊的轮廓。武则天“革命”以后，陈嘉言做了监察御史。据说他曾经抉发了“逆子贼臣”的阴谋，这“逆子贼臣”是谁，阴谋如何，都不得而知。不过因为有这个功劳，陈嘉言被武则天提拔为凤阁舍人。但，就在提拔以后不久，陈嘉言却突然被人告发，说他有异谋，被下在诏狱。所谓诏狱，就是按照皇帝的诏旨而设立的审判监管机关。陈嘉言在诏狱遭受了非人的折磨。正是在这种情况下，陈子昂上了一道奏书，替他喊冤叫屈。

陈子昂以为，陈嘉言是被人诬陷。他怀疑是陈嘉言告发的人的后代，用这种构陷的办法来复仇。所以陈子昂请求武则天矜怜，体宽仁之德，豁达大度，念功赦罪，把陈嘉言给赦免了。

陈子昂的怀疑确有道理。前面已经说过，武则天广开告密之门，告讦之风大盛。当时要想害人，最便当的办法就是告密，就是诬陷人有异谋，有不满“圣朝”的言论，这法子后世还始终使用着。陈嘉言一个小小的凤阁舍人，他能有什么真的异谋，他想舔武则天的脚趾头还怕来不及呢！观他抉发“逆子贼臣”，他倒是想媚附武则天的。因此，可以肯定地说，陈嘉言是被人陷害了。

但是问题的根本不在这里，问题是，陈嘉言为什么会被人陷害了？也就是说，如果陈嘉言确被仇家诬枉，该如何看这个问题呢？这就牵扯到一个根本性的问题：陈嘉言以前抉发的“逆子贼臣”是不是真的“逆子贼臣”。由于材料不全或说缺失，对此难以确切回答。不过，陈嘉言当初的所作所为，恐怕有赶潮流、图表现的嫌疑，甚至有些见不得人。如果陈嘉言当初的抉发不真不实，也有诬枉之嫌，那末，如今有人以其人之道还治其人之身，那他还有什么好埋怨的？这只不过是旧戏的新排演，不过扮演的角色不同罢了。

人往往都这样，看问题的时候总是从自己出发，总是以自己为圆心，向四周辐射，却很少或者说竟不肯设身处地、换个位置想问题。想当初，陈嘉言抉发他人的时候，自以为得计，洋洋自得，自己还有个冠冕堂皇的理由：忠于武则天这个皇帝！这谁能说不对。在封建时代，是非的最高标准就是皇帝，不管他说什么做什么。可是曾几何时，事情就颠倒了一个个儿，告人的反被人告，先前被告的反成了告人的。世事就是这么翻覆不定。

陈子昂的奏书，写得挺长，也极尽辩言之能事。但这一切，在那些状告陈嘉言的人那里，恰恰是他与陈嘉言这样的逆党、凶人有联系的罪证，很可能就是这篇奏书使人抓住了把柄，把陈子昂当成了逆党、凶人，从而陈子昂被投入了监狱。若是如此，陈子昂就是做了勾心斗角、争权夺利的政治斗争中的牺牲品。陈子昂若果是以这篇奏书获罪，说明他虽然热衷于政治，虽然对古来的政治主张有所了解。但他还是对政治没有经验，对实际政治活动根本不了解，他只是一个理论型的人。而不是一个实践型的人，在现实政治面前，他显得十分幼稚。

不过，虽说有这种可能，但替陈嘉言申冤这一行为还不能肯定就是陈子昂入狱的原因。因为还有另外一种可能。

三十七　乔知之之死

这第二种可能，就是陈子昂可能受到了好朋友乔知之的牵累。

当重拱二年的时候，陈子昂与乔知之就成了好朋友。两人一起参加了对金徽山突厥部落仆固始的讨伐。后来，陈子昂先行回京，乔知之仍留在同城。到了天授二年春陈子昂丁母忧解右卫胄曹参军的官回家守制的时候，乔知之还在同城戍边。陈子昂回家走到大散关的时候，曾经写了一首诗给乔知之。诗中追述了两人的共同经历和友情，表达了对乔知之深切的思念。足见两人交情非同一般。

但乔知之却在从同城回来以后，遭到了一场横祸。

乔知之护刘敬同军征讨仆固始的时候，是左补阙。补阙这个官职同拾遗一样，是武则天时设置的，职责是侍从讽谏。左补阙属门下省，右补阙属中书省。乔知之从同城返回洛都后，就从补阙的位置升迁为左司郎中。

旧时代的士大夫家中，都有侍妾，乔知之也不例外。乔知之的侍妾名叫窈娘，长得真是花容月貌。旧时诗文多有描写美人的文字，说是长得身材适中，谓多一分则太长，少一分则太短；说是美人面色红润，自然丽质，谓敷粉则太白，施朱则太红；说容貌姣好，则谓之闭月羞花。乔知之的窈娘就当得起这样的形容。更有值得说的地方是，窈娘不但人长得漂亮，而且雅善歌舞，性情温柔，柔中有刚，善解人意，因此乔知之对窈娘宠爱异常，以至因为有了窈娘，就不再婚娶。侍妾的身分卑微，地位低下，是不能做夫人的。乔知之虽无法让窈娘做夫人，但却为她而不婚，不娶夫人，足见乔知之对窈娘的宠爱程度，也见出了乔知之的深切情意。窈娘当然也感动异常。她知道，乔知之这样的人，应该有夫人，但乔知之却为了自己不娶夫人，这使她深深地感动了。她觉得乔知之对自己太好了。所以窈娘就把自己的全身心投入到对乔知之的爱恋之中。她更加温柔，更加体贴，更加关心乔知之的一切。二人就这样深深地爱恋着。

天有不测风云。乔知之和窈娘的平静而深沉的爱情生活被武承嗣破坏了。

这个武承嗣，就是武则天的侄子，在武则天夺唐立周做皇帝的过程中，出了很多坏主意。因其有些歪才，所以武则天还挺信任他。武则天当皇帝时，武承嗣在天授元年，为文昌左相，被封为魏王，长寿元年为特进，罢知政事，后来在圣历元年死去。这个武承嗣，因为是武则天的内侄，所以自以为天下将来应该是他的，胡作非为。不知怎么一来，他知道了乔知之的侍妾窈娘貌美而雅善歌舞，就想将窈娘据为己有。于是，武承嗣就对乔知之说，要借他的侍妾到魏王府中教授侍女歌舞，教完就送还。

这可把乔知之难住了。回到家中，他愁眉不展，左思右想，不得其计，弄得饭都吃不下去了。窈娘一见，关怀备至。乔知之拉着窈娘的手，把情况说了，窈娘也没了主意。乔知之清楚，武承嗣不怀好意，窈娘一去，可能就回不来了，这简直就是割去心头肉啊。可是如果不答应，武承嗣也一定不会放过自己，说不定会生出什么恶毒之计来阴谋陷害。那时玉石俱焚，窈娘恐怕还得被他夺去。想来想去，不得要领，窈娘也陪着乔知之发愁。窈娘的心思也很明白，以她这样一个女人，得遇乔知之的恩宠，自己早已满足了。她同样深恋乔知之，她知道武承嗣要借自己去，只想玩弄自己。他姬妾成群，要自己只不过是尝个新鲜，一去就是入虎口，无法超生。因此，窈娘不想去。乔知之看着窈娘，窈娘看着乔知之，一个愁眉紧锁，一个粉泪涟涟，两个人一宿都没睡觉。

天快亮的时候，窈娘起身，侍候乔知之梳洗以后，两人坐在椅子上。乔知之紧握窈娘的手说："我反复思量，别无他法，只好苦了你了，只是太让你受委屈了。"窈娘也知道这是没办法的事，心里很是悲伤，哽咽着说："官人对妾的深恩厚情，妾没齿不忘。但愿此去能平安回来。若能如此，咱二人就不做这个官算了，找个地方度个平静的晚年吧。"乔知之听窈娘一说，也觉悲从中来，眼睛就有些湿了，长叹一声，说："早知如此，就该急流勇退，今日就免受折辱了。窈娘，卿好自为之，且让我在你走后再想些办法。但愿早去早回，不生枝节。"说完，二人相抱而泣。实在说，这些话都是自己的愿望，他们都不想把最坏的估计说出来以刺激对方，不过心中都有数罢了。

早饭过后，武承嗣派来接窈娘的人到了。乔知之和窈娘两个依依难舍，相互叮咛，这些都不必细说了。

窈娘进了魏王府，真的羊入虎口，一去就没了音信。其结果人们是可以想到的。乔知之在家坐卧不宁，饭吃不下，觉睡不好，几天下来，人弄得面黄肌瘦。他又是痛心又是悲愤，一肚子的气，就是没办法，那滋味可真不是人受的。

七八天过去了，乔知之明白，他这辈子不用见窈娘了。他不由得想起了西晋石崇和绿珠的事情，觉得自己与窈娘，就像当年石崇、绿珠被孙秀强行分开一样。叙到这里，简略地说一说石崇和绿珠的故事吧。

石崇是西晋时的官僚，此人豪奢至极，家中烧饭不用柴而用蜡烛。他曾在荆州刺史任上，让兵士扮成土匪，公开抢劫客商行旅，发了大财。后来，石崇投靠了当时掌权的贾谧，为二十四友之一。不久，赵王司马伦起兵杀皇后贾南风，诛了贾谧。当时石崇正在金谷园中宴客。石崇有个宠爱的姬妾，名唤绿珠，色艺双绝。司马伦的部下孙秀早就想把绿珠夺过来，他与石崇要，石崇不给。此时贾谧被诛，孙秀就想借机除去石崇，一来除去一个政治上的劲敌，二来顺便就可得到绿珠。于是孙秀矫诏到金谷园收石崇，石崇一见，明白了，就对绿珠说："我今为你而得罪。"绿珠是个外柔内刚的女子，当即说："我当效死于君前。"说完纵身跳下楼去。一代美女，香消玉殒。这就是石崇、绿珠的故事。

乔知之知窈娘不能回来了，想起了绿珠的故事，就写了一首诗《绿珠篇》，诗是这样的：

石家金谷重新声，明珠十斛买娉婷。
此日可怜君自许，此时可喜得人情。
君家闺阁不曾难，常得歌舞借人看。
意气雄豪非分理，骄矜势力横相干。
辞君去君终不忍，徒劳掩袂伤铅粉。
百年离别在高楼，一旦红颜为君尽。

此诗借咏绿珠以寄情，写得还算不错。写好以后，乔知之潜地派人偷偷送给了窈娘。窈娘得诗，讽诵再三，知乔知之对自己确是钟情，想到绿珠能以身报主，自己被武承嗣所污，愧对乔知之。于是她把诗结在自己的衣带上，寻个机会投井而死。

武承嗣设计骗了窈娘，正在兴头上，一听窈娘投井，大吃一惊，赶忙来看。到井边一看，窈娘已气绝多时，武承嗣令婢女查看，从衣带中搜出乔知之的诗，武承嗣当即大怒。要知道，武承嗣颐指气使惯了，从未见有人敢跟他公开捣乱。乔知之竟然如此大胆，他这气可就大了。于是武承嗣气哼哼地回到书房，决心要给乔知之一个好看。

每个权贵身边总有几个二花脸，就是二丑。这些人，平时奉迎，到主子做坏事时，他就帮凶。这些人，都有些小才，人格不足取，可坏主意什么的却有不少。

当下有两位这样的清客见武承嗣气冲冲的样子，互相挤了挤眼，就跟了进来。他们对武承嗣说：

“恩相息怒。乔知之既如此不把您老放在眼里，那咱们就治他一治，看他还敢不敢如此狂傲。”

“你二人有什么好主意？快快说来。”武承嗣喘着粗气，大声喊道。

“恩相，这乔知之这样做，是有意反对您老就是，反您老反大周，反皇上，这个罪名就够他受的了。不过要想治住他，还得准备准备，多找几个人指证。至于办案的，还得您老找一找来、周、侯几位。”

沉吟了一下，武承嗣说：

“好，就这么办。快去准备，其他的事我来办。”

就这样，武承嗣指使人罗织了乔知之的罪名，把他交给了酷吏，几堂下来，就气息奄奄，不敢不承认有罪。这样乔知之不但自己把命丢了，他的家也因此而完蛋了。

这里要简单说说来、周、侯是什么东西。来是来俊臣，周是周兴，侯是侯思止，都是武则天最信任也最纵容的酷吏。他们手段毒辣，居心险恶，只要谁招惹了他们，就要受到非刑拷打，破家灭族。武则天当政时，这几个人所诛杀的大臣，前后有数千家，杀的人不计其数。酷吏固然可恶，更可恶的是武则天，这个酷吏背后的支持者。他们每施酷刑杀人破家，武则天都予赏赐，就是明明搞错了，也只不过说几句就过去了，因此他们都敢胡作非为。几个人，后来连诸武和武则天的女儿都敢告，来俊臣还有异图，可见在武则天的养育下，他们嚣张到了何种地步。专制制度下，历来只有酷吏这样的坏人才能得到好处，讲人性讲良心的公正的好人，总是受冤枉的受罪的。武则天时，酷吏还有索元礼，丘神勣、王弘义、郭弘霸、周利贞、吉温、王旭、罗希奭诸人，可知那是一个动辄得咎的黑暗专制时代。

乔知之被害，当是陈子昂丁忧在家其间，其时可能离他返回东都的时间不会太远。陈子昂是乔知之的好朋友，尽人皆知，而且子昂素以敦友情重义气著称。他知道了这事，不能不有所表示，起码言辞之间就会有不满的意思，这恐怕就成了被人陷害的根据和缘由。因此，乔知之被害以及陈子昂与乔知之的交情，是他入狱的又一可能。当时的情况可能是这样的：第一，乔知之的牵连；第二，陈嘉言事的牵连；第三，陈子昂屡受武则天接见，赐以颜色，但他却执守先圣王之道，光说大道理，不能成为武则天的亲信，对诸武之人，也不甚恭谨，这可能引起了武三思、武承嗣的很大反感。诸种因素的综合作用，使这些人对他进行诬陷既有动机也有把柄。由此看来，陈子昂的被陷入狱决不是无缘无故的。

三十八　心灰意懒

陈子昂在监狱呆了一年零好几个月，从长寿三年即延载元年（694 年）四五月一直呆到证圣元年（695 年）的十月或十一月。这一年六个多月的时间，使他饱尝了铁窗关闭，失去行动自由，成天担惊受怕，随时可有不测之祸降临因而始终心里像绷紧了的弓弦一样的滋味。这一年六个多月的时间，同时给了他仔细分析、重新考虑以往生活和自己所作所为的机会。在充裕的时间里，他想得很多，想得很细。这种由现实激发的反思，往往最见深度和效果，因为这是对自己生命历程的反思，在当时的情况下这带有总结生命的意味。通过仔细的追寻，陈子昂在守制期间萌发的退隐思想成长了。他觉得，政治这种东西太令人不可捉摸了，政治中充满了陷阱，参与政治活动的人如果不阴险，不能放弃人格、良心，那就只能失败。他觉得自己不是玩政治的料子。他对自己过去所做的一切感到可笑，自己根本就未明白武则天的心思，却一本正经地讲王者之道。自己根本就不知道武则天需要的是什么样的人，却自作多情地屡屡效功，显得很可笑，也很可怜、很可悲。他感到自己这十来年的挣扎真是白费气力，完全是一个失败者。

这种反思是切肤的，也是深刻的。从此他对政治完全绝望，完全没有了兴趣。当然，在涉及民族、社稷、国家利益的时候，陈子昂毕竟是陈子昂，他还不是那种麻木不仁的人，他还会贡献自己的建议。这是后话，暂且不提。

陈子昂命不该绝，他被从监狱放了出来。具体原因一点也不清楚，无法进行描述叙说，不过推测起来，不外以下几种情况。第一，陈子昂位低人微，平时又屡屡对武则天表忠心，武则天根本就不相信他会有什么不轨的言论，更不会有什么不轨的行为，因此武则天记起了他，把他给放了；第二，陷害他的人并不想整死他，只不过想吓唬吓唬他，让他知道厉害，警告他往后少跟那些有嫌疑的人来往，特别是警告他别不自量力地碰那些不该碰的人，要他学乖一点；第三，也可能有人营救了他，营救他的人深得武则天的信任，而且有着非同一般的力量。但这第三条可能性不太大，因为像狄仁杰那样的人，位居宰相，都差点被人罗织治死，而对陈子昂这样的小泥鳅，哪会有人拼死营救呢。

不管怎么说，陈子昂放出来了，而且官复原职。这样的事，对有些人来说，可能欢呼雀跃，感激涕零，但陈子昂这一次表现得非常冷静。他既没有写诗作文以述自己感激的心情，也没有特别的举动。他只是按照惯例给武则天上了一道《谢免罪表》，而且在表中除了按照应有的格式写了一些官话、套话以外，绝无以前表章的急切和热烈。

但他给朋友的信中，却非常坦率地表露了自己的思想和对事情的看法。陈子昂出狱不久，就给好朋友韦虚己写了一封信。信不长，但内容却非常值得重视，且把它引在下面，并作些粗略的说明。

信是这样写的：

命之不来也，圣人犹无可奈何，况于贤者哉。仆尝窃不自量，谓以为得失在人，欲揭闻见，抗衡当代之士。不知事有大谬异于此望者，乃令人惭愧悔赧。不自知大笑颠蹶，怪其所以者尔。虚己足下，何可言耶！夫道之将行也，命也；道之将废也，命也。子昂其如命何！雄笔雄笔，弃尔归吾东山，无汩我思，无乱我心，从此遁矣。属病不得面谈，书以述言。子昂白。

这信说自己当初不信命，打算凭自己的学识闻见，与当世之士相抗衡，一争短长，提出自己对于政治的理想和策略，却想不到事情和自己所想的完全背谬，不但未能改变政治的不良状况，反而使自己颠蹶倾覆，险些丧了命，还有什么好说的呢？因此，陈子昂表示要归隐东山，像谢安那样优游林下。话未说那么透那么白，但意思是清楚的。这封信说明陈子昂对政治已经失去了兴趣，他已经感到了他不能对当时的政治发生什么作用了。虽然作为那个时代的文人，陈子昂未必对当时的政治性质认识清楚，对问题的根源未必找得准确，但这种直接的观察、感受给他的感觉是深刻而明确的，因此他有理由要退出政治旋涡。

陈子昂虽然在经过沉重打击以后，思想上退隐的念头明确而强烈，但他可以私下里和朋友说，却不敢马上就与武则天说。他只能在等待时机，希望经过一段时间，当人们对他陷狱的记忆淡忘以后，再公开提出解官的要求，以免有些人要借机说他坏话，再构陷他一个罪名。这个安排是明智的。要知道，在当时的条件下，皇帝干什么说什么都是正确的，“天王圣明”，臣下干什么说什么都可能是不正确的，“臣罪当诛”。刚出狱就提退隐，伺隙的小人会说陈子昂对皇帝不满，以此要挟等等，这就麻烦大了。从这个安排中，可以看到陈子昂确实是在经过重大变故以后成熟了一些。

三十九　送友出征

陈子昂出狱不久，就过了新年。在新年里，武则天首先在正月里又改了年号，从天册万岁改变为万岁登封，并且到嵩山去封禅。到了三月，被大火烧掉的明堂又重新修好了，四月，武则天又亲享明堂，又改元万岁通天。看看武则天的年号，“万岁”不离，而且总是和“天”联系在一块儿，好像她这个皇位是上天赐给的，她可以坐一万年似的。其实说穿了，这样做，对自己是一种自欺的安慰，对百姓则是完全的欺骗，兼有取吉祥的意思，如此而已。封建帝王总把起年号之类的事当成大事，不过如此。

这一年的五月，东北边疆上出了点乱子。原来在东北边境上有个营州，这个营州乃北魏太平真君五年所置，治所在龙城，即今朝阳市。营州城旁，有契丹的部落，部落有个首领李尽忠，为松漠都督。这个李尽忠的祖辈，在唐太宗时内属，因被赐姓李。本来李尽忠做松漠都督，你就好好做，管你的契丹事务算了，可是他不满足，突然生起了觊觎之心。于是，李尽忠就和他的大舅子归诚州刺史孙万荣联合在一起，起兵攻打营州。当时营州都督是赵文翙，他猝不及防，被李、孙二人杀死，营州陷入李尽忠手中。

消息传到洛阳，举朝颇为吃惊。唐时边患一直未断，北有突厥，西北有回纥，西南有吐蕃、南诏，相比之下，东北的契丹还算安定，内附多年，虽小有动乱，但尚未公开杀官吏，陷府州，称兵内向。所以当营州陷落的消息传来以后，朝廷中的人就感到不可等闲视之。

武则天当然也很生气，她觉得自己当了皇帝，海内称颂，契丹本该表现更积极一点，不想竟然敢给她找事，真是可恶至极。若是一个小小的契丹都弄不好，别的外族更烦人了，不知还有谁敢干什么。再说，小小的契丹给她找事，让她觉得面子上也过不去。于是，武则天当即命鹰扬将军曹仁师、右金吾卫大将军张玄遇、右武威卫大将军李多祚、司农少卿麻仁节等28将出兵征讨契丹。

诸将出兵，分路行进，因为没有主帅统领，步调未免不能协调。秋七月，武则天命春官尚书、梁王武三思为安抚大使，以纳言姚璹三为武三思之副，领兵东征。同时将李尽忠改为尽灭，将孙万荣之名改为万斩。这改名一事，纯粹是一种巫术行为，是原始文化的产物，过去时代经常可以看到这种情况。在唐朝，以武则天当权时最为常见，好像这样，李尽忠就要灭绝，孙万荣就会被斩似的。

武三思以武则天近属之亲，梁王之尊，受命专征，这可是个炫耀的好机会，至于能不能打仗，会不会领兵，他倒未放在心上。因为打胜了固然好，上有赏赐，下有依附；就是打败了，也可以轻易地把罪过推给下面的将领，谁敢把他怎么样，何况有的将领怕得罪，恐怕还得给他大大地上贡，他可以发个财。所以，胜负何必挂怀。为了炫耀，武三思奏准了武则天，在两省台阁之中仔细地拣选了一批人，充作他的幕府下属。这其中有北部郎中唐奉一、考功员外郎李迥秀、著作佐郎崔融，等等。为什么要选这些人呢？因为这些人都是当时颇有名气的才士，武三思将这些人置在幕下，一来可以提高声价，让人说安抚大使署人才济济，二来显示武三思有吸引力，这么多名人都跟随自己，自己不就更有面子了吗。武三思此举，实际上是张扬，他想效法南齐时王俭的故事，让人也称他的幕府是莲花府。幕僚倒确实不错，可惜主帅是个不怎么样的人物。

七月的一天，武三思从洛阳起程就道，向榆关进发。按照当时的规矩，大将出行必须祖道饯行，称为祖饯。由于武三思的地位和被恩宠的情况，这次祖饯规模极为盛大。

先一天，有关部门就派人到洛阳东门外选好了地方，准备好应用物品。地方就借用永昌县丞房思玄的庄园。到了出发当天，一大早，满朝文武百官就在朝堂集合好。一会儿，梁王武三思带领众幕僚来到朝堂，向武则天跪拜辞行，武则天少不了勉励几句。然后，大开午门，三声响炮过后，武三思的队伍浩浩荡荡赶奔城外，文武百官紧紧相随。到了城外房思玄的庄园，武三思下马入内，先行祭拜祖神，然后入座饮酒。满朝文武先后给武三思敬酒，说些祝祷的话。够得上与武三思同席饮酒的人没有几个，其余官员，就在祝酒后各自去找在武三思幕府中的朋友，一堆一块地为朋友饯行。

陈子昂官微，还够不上陪武三思的资格，于是他就与毕大、陆余庆、王仲烈诸人找到了唐奉一、李迥秀、崔融，为他们饯行。

这一顿饯行酒，可谓极乐尽欢。且说陈子昂诸人，平时相交甚厚，今日就要相别，那当然不免依恋，但终竟是从军出征，意气慷慨，所以席间并不见悲凄之色，倒是个个人都流露出来了昂扬的志意。大家一边频频相互祝酒，一边高谈阔论。从边塞谈到朝廷，从跋涉山川谈到尽忠报国，思长风而破浪，恐白日之蹉跎。留下的羡慕出征的可以立功，可以实现志向，出征的勉励留下的贡献良谋，多多经世济民。饮酒饮到极乐的程度，就在席间拔剑起舞，长歌慷慨。都说，此次梁王东征，可一鼓而定蕞尔小丑，使边疆永固，黎氓安靖，此乃耀天威、恭天讨，宜无往而不胜。文士诗人，往往如此，得意容易忘形。他们的情绪变化较快，情感较为充沛，一点小事，都能令他们或欢呼雀跃，或志气消沉。

酒酣耳热之际，有人说，此次祖饯是一次盛会，诸位从征朋友也得了一个立功表现的机会，不可无诗以记盛。集会赋诗，是唐人的习气，众人哪有不赞同的。都说陈子昂为诗文班头，翰墨宗主，于是就请他为这次祖饯赋诗作一篇序文。陈子昂此时被这种热烈的气氛所激动，那颗已经冷淡下去的心忽然间又热了起来，于是写了一篇辞情慷慨的序文，然后众人都赋了诗，给唐代的诗坛留下了一个佳话。

这次祖饯所赋的诗，大部分被收入了《全唐诗》。陈子昂所作的序文和诗，编在文集卷二，题为《送著作佐郎崔融等从梁王东征并序》。序写得辞情并茂，诗作得也很有气慨。序很长，不录，诗抄在下面：

金天方肃杀，白露始专征。
王师非乐战，之子慎佳兵。
海气侵南部，边风扫北平。
莫卖卢龙塞，归邀麟阁名。

诗中点明了王师出征的时令，说明王师并非好战，而是扫平边患，诗的最后，告诫说不要卖掉卢龙塞，就是说不要在任何名义下丢掉国土以换取那无意义无价值的平定，归来时还要邀功名。麟阁，汉宣帝时曾建麒麟阁，上绘功臣画像。陈子昂这个告诫很有现实意义，也证明了他爱国的情操。

武三思走了，崔融等一班人也跟着去，陈子昂随朋友们回到了洛阳城。他盼望前方的好消息，他等待着与朋友凯旋后的相聚。

四十　参谋军事

但陈子昂的盼望没有结果。武三思为人阴柔而险恶。在和平时期，这种人很可能通过陷害正人君子而得以升迁，但那并不表示他们有什么能耐和水平，在关键时刻，这种人干不了什么，甚至会坏事的。武三思领大兵到了榆关以后，并没有什么有力的部署，反而像平时一样，作威作福，颐指气使。但你能管的下级虽不满却不能怎么样，敌人可不买你的账，在见真章的时候就给你颜色看。

八月，张玄遇、曹仁师、麻仁节诸军在武三思的指挥下与李尽忠、孙万荣军在黄獐谷这个地方相遇。狭路相逢，智者勇者胜。两军开战，武三思拿不出什么谋略，诸军进退失据，结果被李尽忠、孙万荣打得大败，张玄遇、麻仁节被敌军俘获。

消息传到洛阳，武则天心里很不是滋味。本来，按武则天的想法，契丹小丑，举兵造反，无异以卵击石。她觉得大兵一到，指日可以平定，所以她要武三思挂帅，想让他立个不费劲的大功，一来给自己争个面子，二来提高点武三思的威望，这以后晋爵封官不就可以更有理由更加顺当了吗？那些背后的嘀咕不就可以少了些吗？谁想，武三思竟这么不争气，武则天心里别提多窝火了。武则天想，别让武三思丢人了，再搞下去更糟了，得找个人替替他，让他光管守边好了，讨契丹不能再让他干了。

选来选去，武则天选中了建安郡王武攸宜。理由很简单，不管怎么说，兵权不能落入外人手里，功劳不能让别人得到。于是，在这年九月，以同州刺史、建安郡王武攸宜为靖边道行军大总管，苏玄晖为行军副大总管，王孝杰等为总管，出兵讨契丹。

武攸宜虽为人轻脱简易，无将帅之才具与谋略，但摆谱还是会的。他像武三思一样，在台阁之中妙选英华，其中包括了陈子昂。陈子昂以前多次上书言及军国利害，并且在麟台正字任上同乔知之到过西北边境，武则天对他颇有记忆，武攸宜调人的奏章上去，就得到了批准，其中特敕陈子昂参谋军事。旧时将帅出征，幕府人员很多，有的掌书记，有的参军事。掌记室主要管理文书，起草奏章、檄文之类；参军事主要是对军事行动提出建议，就是所谓的出谋画策。听到出谋画策，有的人以为很了不起，一般说，出谋画策的人确实需要有见识，有才能，但所出之谋所画之策真正被采纳的不多。中国历史上谋士很多，他们几乎很少有几个被亲信任用，像诸葛亮那样情况的，可说绝无仅有。

九月的一天，武攸宜选择好时辰，启程就道。像武三思一样，武则天也为他搞了个规模盛大的祖饯筵席，当然，他不能和武三思相比，因此铺排的略小一些。

武攸宜率大军进发，在路非止一日。时在暮秋，川原一片秋色，陈子昂骑在马上，一边观览景色，一边又兴起了豪情。这倒不是对政治又有了兴趣，而是从守国土卫社稷的角度出发，报国杀敌的雄心又高涨起来。不久，大军渡过淇水。时陈子昂在朝时认识的诗人宋之问正在洛州参军任上，他知陈子昂东征，就赠诗一首以壮行色。等陈子昂到了淇县时，赠诗送到了他的手上，于是陈子昂作了一首诗以答宋之问，诗题是《东征至淇门答宋参军之问》，是一首五言八句的诗，内容如下：

南星中大火，将子涉清淇。
西林改微月，征旆空自持。
碧潭去已远，瑶花折遗谁。
若问辽阳戍，悠悠天际旗。

这首诗，没有激昂慷慨之概，亦无一般出征诗的那种思乡恋家的悲哀，显得很为平静。陈子昂确实成熟了。陈子昂这种平静不但在答宋之问的诗中表现显明，在此前的祖饯筵会上所作的诗中也有很好的表露，从这两首诗中，可以较好地知道陈子昂当时的思想和心情。祖饯筵会上作的诗题为《东征答朝臣相送》，诗云：

平生白云意，疲茶愧为雄。
君王谬殊宠，旌节此从戎。
挼绳当系虏，单马岂邀功。
孤剑将何托，长谣塞上风。

本来，征契丹而从行，在一般人看来，是立功求封的好机会，是青云直上的好机会，可陈子昂对此却没有兴趣，也没有激情，反倒说“平生白云意”，说自己平生就想卧白云而归隐，说自己“疲茶”，只不过是君主错误地看待自己，才让自己出征。拿绳子应该像终军一样，系在敌人的脖子上，但自己匹人单马怎么能邀功呢。此去如何难知，孤剑托付给谁呢？诗中对功名的态度是相当冷淡的。这就是说，陈子昂经过冤狱以后，对现实、对朝廷，可说基本看透了，所以他对功名冷淡，对出征相当平静。人心贵在平静，静则无欲，静则可以观动，能达到平静看似简单，没有大智慧、大毅力的贤者，是做不到的。君看世上碌碌奔竞之徒，哪一个能静得下来，哪一个能看透人生。所以陈子昂当机会来了的时候，能以平常心对待，值得大加表彰，这说明他对人生的态度相当成熟，对世事相当透彻。

四十一　进言被拒

武攸宜的大军在路非止一日，到了幽燕一带。此时，造反的契丹首领李尽忠突然死了，他的部属便都归入到孙万荣旗下，由孙万荣统一指挥。

武攸宜大军所在的地方，从大范围说是幽燕，包括今北京地区和天津地区的一部分。这个大范围，泛指亦称为燕蓟之地，唐时在这里立有渔阳郡，辖今北京平谷县和天津蓟县地。后来，唐玄宗在这里设了二镇节度使，北京西南地方设范阳镇，北京东北唐山及其西北一带为平卢镇。当武攸宜大军到的时候，驻扎在蓟丘即今北京。

武攸宜在蓟丘屯扎，建立了指挥部，就遣将向东北前进，与孙万荣交战。他派总管王孝杰为先头部队，派副大总管苏宏晖继进，为王孝杰援军，同时负责前敌指挥。这个王孝杰，骁勇善战，自武攸宜出兵以来，就充任中道前军。当下领了将令，就催动本部人马万余人向平州（营州）进发。半路上，只见前方灰尘涨天，人马嘈杂之声传来，王孝杰知道，碰上契丹人马了。安营布阵显然来不及了，于是王孝杰下令整齐队伍，待契丹人马临近，冲突迎敌。

契丹人马来到近前，一看王孝杰只有万余人，便心存轻视，队伍亦不甚整肃。王孝杰于是下令冲击，两军便交上了火。王孝杰知道，只能力战，不能退却，一退，契丹放马冲来，非大败不可。所以王孝杰率领人马拼死苦战，个个血染衣衫。几个回合下来，契丹人见冲击无望，便整队人马引退。当契丹人马半退之机，王孝杰于中军擂起战鼓，率队冲了过去。契丹人马本想退走休息，再找机会冲击，不提防王孝杰贾余勇冲了过来，一时之间弄不清怎么回事，还以为来了后援，于是契丹队伍散乱，溃散得更快了。此时，苏宏晖闻知前边已经接火，便催动人马赶来，正值王孝杰追赶敌军，便在后边也赶了上来。

但是，事情就在这时起了变化。王孝杰虽然骁勇，但慌乱之中未及细察，只顾追敌，一下子就走到了一处悬崖边上了。此时，契丹先退之兵已经又整理好队伍，放马冲了过来。契丹兵这一冲，可谓令人猝不及防，王孝杰立刻就感到了很大的压力。于是就指挥兵士背着悬崖拼死抵敌。此时，身为副大总管的苏宏晖，不但不着力指挥，组织防守，反而见势不妙，先行引亲兵和一部分兵士退走了。这真是令人痛恨的懦夫。苏宏晖这一退，王孝杰的力量大大受了损失，而且副大总管退走，使兵士无心苦战，不少人夺路而逃。王孝杰被契丹压迫，不断向后退，最后退无可退，坠入悬崖而死。蛇无头不行，王孝杰一坠崖，他的兵士立刻就乱了套，契丹人马反受了莫大鼓舞，一消一长，那形势的发展就不必说了。最后，除了少数人马逃出，王孝杰全军覆没。

前军败亡，消息很快便传到武攸宜大帐。武攸宜当即就没了主意。好多人都是如此，平时靠裙带、靠拍马那一套上去了，一遇事就麻了爪，平日里作威作福，颐指气使，面对敌人就不知所措。众人集议，最后决定派记室张说驰奏武则天，一边整顿军马，准备再战。

武攸宜此时有点吓坏了，连令众军深沟高垒，他只想保守，根本就不敢出击了。一时间，弄得整个兵营都消沉得很。

契丹的造反称兵，本就令陈子昂气愤，现在又杀了王孝杰，陈子昂心里更不好受。既然职责是参谋军事，那就得对军事行动提出些谋略计策才行，加上对国家、人民的深切关心，陈子昂决定直接提出些有效的建议，以便采取措施，把契丹发动的乱事平定了。

于是，陈子昂便仔细地思量起来。经过两三天的思索，针对当时的具体情况，陈子昂提出了两个建议。第一，根据武攸宜轻脱简易缺少大将的凝重的情况，陈子昂提出应严格法纪，号令严明，赏罚公平，该赏的就赏，该罚的就罚，不能整个队伍乱七八糟；第二，根据敌方惯于骑马冲锋的特点，陈子昂建议不与敌军做野外的冲荡战，每战之前将兵力做好部署，我方应有坚强的阵形，以大弓劲弩射住敌人的冲击，待敌意稍懈之时，诸军并出，这是以长攻短。这些建议现在看，极为平常，但符合当时的情况。

但武攸宜就是不听。他没什么本事对敌，但在自家窝里，他却可以任意胡来。不知什么原因，要说找一找原因的话，那就是：其一，吓坏了，根本不想再打了，只等敌人自己灭亡，或等上天帮助自己；其二，他以己之心度陈子昂之腹，以为自己都想不出对敌之法，手下的陈子昂能有什么好主意。所以他拒绝了陈子昂的建议。

好多情况下，人都是这样的，真能听人正确意见的，从古到今有几个？尤其在长官说了算的专制时代，掌点权的就觉得不可一世了。武攸宜不听陈子昂的意见，是那种政治下的正常现象。

第一次陈子昂提建议，武攸宜还挺客气，告诉他说，自己正在琢磨，等张说从洛阳回来再具体讨论，现在不必着忙，只坚守大营保持现状就行了。陈子昂是个急性子，他觉得两军对垒，只求保守，那就是示弱，对兵势很有影响，况且军中形势不整不行，现在不整顿好，打仗时不就更乱了。于是，一次不行就再提一次。陈子昂又找了个机会，把建议仔细地说给武攸宜听。

不想，武攸宜这次可就生了气，脸上当时就很不是颜色。他对陈子昂说：

"陈拾遗，你虽多次上书论军国利害，但那不过是纸上谈兵，书生之见。现今我军只宜镇静，不能松动。本帅自有主张，你就不要再说了。"

陈子昂抱一腔热情，却被这样奚落了一番，当时那心里头就如放上一块冰似的，一下子就凉透了。他没再多说一句话，站起来就向帐外走。

这时武攸宜又在背后喊：

"陈拾遗，你明日就到兵曹那里去吧，大帐里的事你就别操心了。"

这就是说，陈子昂被武攸宜剥夺了参谋军事的权利，他被降级使用了。由此可见，武攸宜对陈子昂实在是极差，陈子昂在这样人的手下怎能有所作为呢！

陈子昂做梦也没想到，自己的一片热诚换来的是这样的结果。他对朝廷的失望达到了极点，他心中的那点微弱的火花被武攸宜彻底浇灭了。

四十二　蓟丘览古

蓟丘为古燕地，周代立国之初，封召公于此，国号为燕。战国时，燕国出了一个能干的君主叫燕昭王，相传他励精图治，尊重人才。他曾尊郭隗为师，为他筑馆，又让人以千金市千里马，筑黄金台招揽天下贤士。燕昭王确实有见识，他知道，事是人干的，但不是什么人都能干事，因此他要求得天下的贤才来和他共同治理燕国。经过他的努力，当时燕国确实聚集了一批能干的、有才华有见识的人才。乐毅、邹衍、郭隗就是当时天下知名的人物。除了燕昭王时期以外，燕国在战国末期，也出了燕太子丹、田光等知名人物。

陈子昂被武攸宜徙置兵曹，心情郁闷，为了散心，他就历览蓟丘古迹。虽然蓟丘的城池霸迹由于历年久远，已经芜没不存，但是那些在历史上闪耀过光辉的名字却让陈子昂心潮澎湃，不能平静。从这些人物的遭遇中，陈子昂似乎悟到了些什么，特别是从这些人物的事迹中，陈子昂联想到了自己。他感叹像燕昭王这样的有雄心霸图的人已一去不返，自己生不逢时，不能像乐毅、郭隗、田光、太子丹那样建功立业，剖丹心输赤胆，在龌龊小人的挤轧中，自己是没有什么希望和前途了。陈子昂当时的心情可说是感慨万端，众念交织，不能备述。

人有了情感的波澜，就要鼓荡，就要拍打胸怀，就要发出声音。在对蓟丘古迹游赏，对古人的缅怀中，陈子昂有了不吐不快的冲动。于是，他写了七首诗，并把这些诗寄给了当时在终南山修道的朋友卢藏用。这七首诗陈子昂把它们集在一块，并为它们写了一个序，以述作诗缘起。诗与序，题为《蓟丘览古赠卢居士藏用并序》，编在文集卷二。序与诗都很短，可以见出当时陈子昂的心态情绪。现抄在这里，以备省览。序云：

丁酉岁，吾北征，出自蓟门。历观燕之旧都，其城池霸迹已芜没矣，乃慨然仰叹。忆昔乐生、邹子群贤之游盛矣，因登蓟丘，作七诗以志之，寄终南卢居士。亦有轩辕遗迹也。

没抄诗前，先说说卢居士和轩辕遗迹。卢居士，名藏用，字子潜，少以辞学称，举进士，不调，隐于终南山，学辟谷、练气之术。武则天长安年间，征拜左拾遗，中宗景龙年间，为吏部侍郎，迁黄门侍郎，兼昭文馆学士，转工部侍郎、尚书右丞。玄宗先天年间，坐附太平公主，流岭外。后开元中起为黔州都督府长史，兼制都督事，未行而卒。陈子昂北征之时，卢居士正居在终南山中。轩辕，指黄帝。相传黄帝曾在北方战蚩尤，有应龙帮助，终于把蚩尤杀死在涿州之野。因此，旧时人说蓟丘有黄帝遗迹，有轩辕台，并不可靠，传说而已。陈子昂作诗咏之，乃借题发挥。七首诗各有名称，抄于下：

轩辕台

北登蓟丘望，求古轩辕台。
应龙已不见，牧马空黄埃。

尚想广成子，遗迹白云隈。

燕昭王

南登碣石馆，遥望黄金台。
丘陵尽乔木，昭王安在哉。
霸图怅已矣，驱马复归来。

乐　生

王道已沦昧，战国竟贪兵。
乐生何感激，仗义下齐城。
雄图竟中夭，遗叹寄阿衡。

燕太子

秦王日无道，太子怨亦深。
一闻田光义，匕首赠千金。
其事虽不立，千载为伤心。

田光先生

自古皆有死，徇义良独稀。
奈何燕太子，尚使田光疑。
伏剑诚已矣，感我涕沾衣。

邹　子

大运沦三代，天人罕有窥。
邹子何寥廓，漫说九瀛垂。
兴亡已千载，今也则无推。

郭 隗

逢时独为贵，历代非天才。

隗君亦何幸，独起黄金台。

读过以后，应该说明显的感觉是一种深沉的穿透了时光的感叹。感叹什么呢？感叹（一）燕昭王这样尊贤重才的君王已经不见了；（二）乐毅这样有雄图大略的人在燕昭王的时候就不能实现自己的愿望，小人何其多也；（三）人才需时运、机会，没有机运，没有识才重才的君主，什么也不行；（四）像田光那样，都不能不使太子丹怀疑，人的相知太难了。这里最重要的是，不仅仅感叹往事古人，而是渗透了现实感，同自己的遭际紧密联系到了一起。陈子昂对古人古事的感叹，映现着对现实和遭际的思索与无奈，展露他在茫茫天地之间无依无靠的孤独感、寂寞感。任何一个才华横溢而又热情用世的人，在他的努力被人视为儿戏的时候，在他被不公正的对待的时候，都会如此。他在现实中找不到同道，只好在以往历史留下的影像中寻找他理想的人物。但历史毕竟已经过去，况且那些景象所呈现的，也并不那么令人满意，因此他们往往借题发挥，以宣泄自己的愤闷郁积之气，同时塑造理想人物，作为精神补偿。其实，他们是很可怜的，尤其精神上的痛苦与渴求，并不能被人们理解，而是在精神的炼狱中经受煎熬。

四十三　送别崔融

陈子昂被武攸宜斥贬，在郁闷的境况中过了秋天。随着冬天的来临，他的心像天上的铅色阴云一样凝聚而沉重。

但具体的杂务他还得办。

王孝杰坠崖而死，苏玄晖临阵脱逃，使前锋大败，记室张说驰奏洛阳。武则天赠王孝杰尚书，同时要将苏玄晖阵前斩首，以整肃军纪。在命令未到之际，苏玄晖带罪立功，打了一个胜仗。武攸宜倒不是为了给苏玄晖表功，而是为自己表功，派人入洛阳上奏，暂时把关于苏玄晖的前令放起。不久，朝廷又有新令，免苏玄晖之死，复将军名号，只削其现任官秩。陈子昂替苏玄晖写了《谢罪表》和《谢表》两道，又为武攸宜作了《谢衣表》一道。

转眼到了仲冬，一天，在武三思幕中的崔融到了武攸宜营中。崔融是奉了朝廷征召，入洛阳朝见武则天的。从榆关回洛阳，途经蓟丘，专程来看望陈子昂。

老朋友相见，自有一番惊喜。就陈子昂说，虽然他对崔融的与阎朝隐、李峤、苏味道诸人媚附张易之等权贵的行径不能没有想法，但崔融总是朋友，总是可以谈话的人，所以他一见崔融到来，脸上的阴云就散开了一半。

陈子昂将崔融拉到蓟城西北的蓟楼，二人在楼上开怀痛饮，畅叙别后之思。这一顿饮酒，陈子昂感到是数月以来最痛快的。酒逢知己千杯少，他确实喝了很多，但他没醉，他只觉得畅快。

住了一晚，崔融要赶赴洛阳，准备早些离开。陈子昂拉上了幕中二个同事，一定要崔融喝过饯行酒才能起行，于是四人又来到了蓟楼。

楼上落座，四人相互敬酒，略加寒暄，就又有些忘形尔汝起来。文人就是这样，一到情绪上来了，就有些忘乎所以。于是，四人在楼上就吆五喝六，觥筹交错，喧呼痛饮起来。小二不时递酒递茶，端菜倒酒，忙乎得也挺累。

眼看时已过午，崔融嚷着上路，陈子昂兴致上来了，说：

“送行饯别，岂可无诗。今日崔君归洛阳谒承明，蒙天子赐书之荣，我等绝大漠款沙塞，有以身许国之责，当共赋诗，一以送崔君，一以明本志。且让我先开个头。”

说来就来。只见陈子昂离席，在楼上来回踱步，不时把手上的杯子凑到嘴边上。不一时，只见他转过身来，说道：

“成了。”接着就朗声诵道：

“蓟楼望燕国，负剑喜兹登。
清规子方奏，单戟我无能。
仲冬边风急，云汉复霜棱。
慷慨意何道，西南恨失朋。”

诵声刚止，众人轰然一声：“好！”接着崔融和其他人也先后赋了诗，大家也都赞叹一番。崔融的诗保存在《全唐诗》中。最后，崔融说：

“此会雅集，承众君爱意，赋诗以壮我行色，亦诗坛一佳话也。雅集不可无文以寄，子昂文思敏捷，就请当席一序，以为雅谈，如何？”

陈子昂当然不能推辞，于是让小二取来笔墨，不但录下了诸人之诗，并且写了一序。序文道：

仆尝倦游，伤别久矣，况登楼远国，衔酒故人。愤胡孽之侵边，从王师之出塞。元戎按甲，方刈鲜卑之垒；天子赐书，且有相君之召。而崔侯佩剑，即谒承明；群众负剑，方绝大漠。燕山北望，辽海东浮，云台与碣馆天殊，亭障共衣冠地隔。抚剑何道，长谣增叹。以身许国，我则当仁；论道匡君，子思报主。仲冬苦寒，幽朔初平；苍茫天兵之气，冥灭戎云之色。白羽一指，可扫九都，赤墀九重，伫观献凯。心期我愿斯遂，君恩共有；策勋饮至，方同廊庙之观；偃武櫜弓，借尔文儒之首。蓟丘故事，可以赠言；同赋登蓟楼送崔子云尔。

此序从边塞、朝廷两边着眼，从崔融和众人分处两地入手，面面俱到，而轻重适意，语皆恰切，确是一篇好文章。陈子昂写完，诵读一过，崔融及幕中同事同口称赞，又将序文拿过来，仔细地把玩了一番，这才停下来。

终于，崔融在陈子昂和众人的陪同下跨上了马，重情的陈子昂一直立在蓟楼之前，望着崔融，直到崔融的身形隐没于烟尘之中许久，才和同事们转身离去。

自此以后，陈子昂又陷入了沉闷之中。虽然崔融的到来给他带来了短暂的欢快，但这欢快太迅速地就离开了他。他的心又像压上了沉重的铅块，沉甸甸的，眉头也难得舒展开来。

四十四　慷慨悲歌

转眼到了初春。蓟丘地处北方，春天来得稍晚，正月的时候，雪未销，冰未化，还是一片肃杀而萧瑟苍凉的景象。但立春阳气转，虽说冬日之景象未退，可太阳光让人觉得比冬天时温暖了，风也由北吹转为由南吹。人们虽不能脱掉棉衣，却已经觉得风不刺骨了，衣服里有暖气在流动了。

由于冬季，武攸宜的大军有两个多月未与孙万荣叛军相交战了。双方都在休整，养精蓄锐，准备着天暖之后必定要发生的大战。这期间，陈子昂经常躲在自己的帐篷中饮酒，他想以浊酒浇化自己胸中郁集的块垒。但酒入愁肠愁更愁，浊酒不但没化解他的郁闷情怀，反而增加了他的孤独感。但由于此时并无什么紧急军情，杂务也相对少了很多，陈子昂在独处之中有更多的时间思考历史，审视现实，反思自己。他那孤独感更强了，同时他也加深了对孤独的理解。古往今来，只要是有点见解、有些才华的人，哪个不是孤独的，哪个能被时人所重视，所理解。屈原、贾谊、司马迁、阮籍、陶渊明，他们都是有才华的，也都是孤独的。陈子昂在历史的灰尘里，找到了和他同命运的相知。他感到自己与他们有相通的地方。他的愤懑有些平伏了，对自己处境认识更清楚了。这是事有必然的，何必伤感，何必强求人家的青眼呢！他对自己的去向也想好了，陶渊明就是他的归宿。他不想学屈原，因为他知道自己与屈原所处地位不同。屈原是楚国的王室支脉，是宗室大夫，对楚的兴亡有着直接而严重的责任。自己呢，不过是君主手下一个无足轻重的臣仆，皇帝根本就不把他看作值得信用的人，只把他看作同那些庸俗的家伙一样是求名求利的人，所以他觉得不能学屈原。但陶渊明就不一样了，始则出仕，不被认识，就放浪形骸，归于自然，委命大化，在田园山水之中寻求与大道的契合。陈子昂认为这很值得自己仿效，只有回归自然，才能保持心灵的平静，才能体认大道。应该说，陈子昂经过冤狱以后和武攸宜粗暴的贬斥，现在是完全清醒了，他做出了最后的选择。至于何时实现这个选择，那就得寻找相应的时机了。这个日子，不太远了。

正月的最后几天里，蓟丘已经吹拂着和煦春风，雪销冰化，郊外的原野透出了浓郁的泥土气息，再过十来天，就可以翻地了。陈子昂随着春天气息的浓郁，走出了他的帐篷。他似乎也感受到了空气中弥漫的春天气息所带来的生命复苏的味道。他的眼睛明亮了，脸也有些热了起来。

他决定去蓟丘城外的地方走一走。他要充分感受生命，感受历史，感受自然宇宙，使自己的生命充实起来。

陈子昂来到了西城外。

蓟楼就矗立在那里，两个多月以前，他曾在那里送崔融入洛阳。从那以后，他再也没来过。但他今天不想喝酒，他径直从蓟楼前走了过去。

走过蓟楼，向西望去，不太远的地方，一座孤零零的山静静地卧在那里。山的半腰上有裸露的岩石，这些岩石块头很大，一块连着一块，形成了一条盘绕小山的向外凸出的白线。远远地看，这条白线像似在飘动，故老人们说这条白线是一条龙幻化的，因此这个山叫做盘龙山。山上除了这条白线以外，便到处都是高高矮矮的松树。松树连成了片，远远望去就像一片一片的墨绿色的地毯似的。怪不得中国传统的山水画中有所谓的泼墨山水，画山的时候用浓淡不同的墨将山点满。就在盘龙山南不远的地方，有一个高出平地丈多的土台子。陈子昂知道，这就是人们传说的有名的“幽州台”了。

陈子昂快步走了过去。年久湮坏，土台子已经失去了棱角，台上台下长满了枯黄的野草。

陈子昂缓缓地绕着土台子转了一圈，然后撩起箭袍的衣襟，一步一步登到台顶上。

举目望去，头上是广漠而阴沉灰暗的无边无际的天空，脚下是绵延的泛着黄色的大地，一直伸向不知处的远方。风从面前吹来，虽不刺骨，却还有料峭的寒意，掀得陈子昂的衣襟向后翻。一辆牛车慢悠悠地从台下经过，赶车的随着车一起一伏一摇一摆，怀里抱着鞭子像睡着了似的，一任那头老牛拉着车缓慢地走着。台旁一个小水塘，风吹过，水面起了阵阵涟漪。

看着周围的一切，陈子昂的脑子里忽然闪过历史的影子。这历史的影子同现实又不可思议地结合着，并且伸向未来，好像灵光一闪。所有这一切，历史、现实、未来，瞬间在他的头脑中凝聚了，凝聚了的竟像压缩了的时间，充满了空间。陈子昂觉得胸膛涌动着冲动，他放开嗓子，大声而带着深沉的苍茫、悲凉，向天空，向大地，向无形的时间喊出了积聚在心中的苦闷和领悟：

前不见古人，后不见来者。
念天地之悠悠，独怆然而涕下。

这就是陈子昂最负盛名的《登幽州台歌》。

这歌确是内涵丰富，感情充沛，意蕴深远。这歌中最感人、最能启发人情思的是那种伟大的孤独感。只有真正生活过，真正奋斗过的人，也只有对历史、现实、未来深刻了解的人，才能产生这样震天撼地的呼喊，只有体验过真正的人生的哲人，才能有这种伟大的孤独。古人已矣，他们的丰功伟绩，他们的风流，他们的愤激、焦急、作为，都离我们远去了，徒留下了让人思索，让人体味而永远不能穷尽他们心灵的诱惑。来者尚远，也许他们将像他们的先人一样在这块土地上活动着，创造着一切。现实只是如此，只有自己的孤独是真实的。古人不见，来者不见，天地间只剩下一个无依无靠的灵魂，这灵魂虽生活在人群中，但却无法与其他的灵魂相碰撞、相交流，面对悠然久远、不言不语、却按照自己的规律运行的天地，这灵魂不但体验着孤独，而且深沉地感受到自己的渺小。这些，也许就是这首诗中所体现的诗人的心灵。这里有深沉的历史感，有明确的宇宙意识，有伟大的孤独。所以说是伟大的孤独，是因为这个心灵体验了别人无法或者尚未能体验的东西，这个心灵所发出的声音没有引起过回响，而这个心灵对人生、历史、未来的体验是深沉而充实的。产生这种感觉的人，都是热爱生命的人，都是志向远大的人，都是胸怀宇宙的人，都是智慧超群的人。正因为如此，所以他们在现实中不能被人所认同，所以他们才要在历史和未来寻找同道。但历史、未来，一已逝去，一尚未至，都是无法直接面对、切实把握的，因此他们才在天地之间感到孤独。

陈子昂的悲愤之歌久久在天地之间回荡，他的眼睛湿润了。他不知怎样走下了幽州台，回到了军营，一头就倒在了床上。

一个诗人的一时感兴，蓄积了很久的对生命、历史、现实思索而爆发的心灵感兴，留下了千古传诵的好诗。这悲愤而孤独的崇高呐喊，穿透了历史烟雾，有力地撞击了历代那些同样感到孤独的灵魂。

四十五　返都途中

在孤寂中，日子难挨，然而难挨也得挨。陈子昂钳口居于武攸宜军幕的下列，对于这样一位才华横溢的人来说，无异于折磨。就在这折磨中，他度过了春天，又度过了夏天。

神功元年六月，契丹乱党首领孙万荣死，契丹各部大人无人统理，兵势急剧衰败。有的部落大人就暗中向武攸宜军通款，契丹各部一看，无力再闹，就相次与大周谈判，愿依前归顺，不再谋反。契丹乱事平。什么人什么命，武攸宜就那个熊样子，却得了这么个机会，也算立了功，你有什么办法。在蓟丘，大军作了战后的整顿休息，七月，陈子昂随大军由幽燕向南进发。

大军路经汲县，这里是陈子昂好友赵贞固讳元亮的家乡。赵贞固在丙申年即去年（696 年）在大梁病逝的，享年 49 岁，后来移葬于乡。陈子昂一定要去看一看赵贞固的墓，祭奠祭奠老友，于是他向武攸宜告了假，就离开了大队，带上一个老兵取路往汲县而来。

汲县离通洛阳的大路很近，赵贞固的墓就在他家北的一座小丘之东，离县城不过十里。陈子昂领着老兵，径直来到墓上，放好了在汲县城买的香烛祭品，插烛似的拜了下去。拜后，陈子昂手扶墓碑，看着自己作的碑文，往事便一幕幕地出现在脑海里。

陈子昂想起了在洛阳时赵贞固的访问。赵贞固清癯的面容，清雅的谈吐，清高的气质，就像画一样，一幅一幅地在眼前缓缓经过。记忆仍存，可斯人已逝，泉幽相隔，永无相见之期，这多么令人痛心啊！陈子昂又想起了赵贞固洁身自好，在洛阳时名流时辈咸加赞誉，可他不甘沉沦，不愿走权贵的门路，求得一个宜禄县尉，在北方的幽州地界上，采药弹琴，不问俗务，清标高举，使州郡守都感佩敬仰。赵贞固真是得道之士，可惜天命不祐，中道夭折，能不让人为之痛惜吗？陈子昂又想到，赵贞固冲淡和平，神实气足，但笃交友之道。君子之交淡如水，惟其淡如水，日久才甘醇。他对自己可谓关心，明知自己的急功之行，但不厉言疾色加以劝阻，只是从大道上予以启发，谆谆之意，日久才见出深邃。自己当时理解不深，可现在想起，斯人斯言，真医得人急于俗利之无价良药啊！再想聆其教训，已不可能了，这能不让人垂涕吗？

陈子昂思前想后，种种意象纷至逐来，但他现在面对的只是一抔黄土，那心啊，就像锥子刺了似的，眼泪止不住顺着脸颊流下来。

“贞固，贞固，我之良朋，君有济世之量，而无长驻之年，惜哉！自今以往，无由见君，只能永味君体道之言，想君清高之概。天生君之才之德，而不假以时日，遭时不偶，岂命也夫！”子昂一边流着泪，一边在心里喊着。

久久地，陈子昂抬起了头。日已西偏，他最后向赵贞固的墓深深一拜，跨上了马。自此以后，陈子昂再没机会来这里。

陈子昂返回汲县城中，已是黄昏时分。草草用过晚饭，他就休息了。他觉得自己十分疲劳，浑身都没有力气，好像要散架了似的。这一夜，陈子昂没有睡好。

第二天早饭时辰，陈子昂还没起身，老兵进来一看，见他呼吸急促，头脸涨红，知他有了病，于是赶忙央店家请郎中前来诊治。

请来的郎中约有八十上下，颌下飘着半尺长的黑髯，面色红润，一看就知不凡。

陈子昂坐在床上，拥着被子。郎中仔细地看了看他的头脸，又摸摸前额，最后诊了脉息。都做完了之后，这位不俗的郎中微微摇了摇头。

“先生，莫非有什么不妥?”陈子昂急切地问。

老郎中手指轻敲额头，缓缓道：

“神平气畅，百病不生；郁气积聚，大伤人身。相公之病，是久积郁闷之气，又被情所中，因此郁气串入四肢百骸。要疗此病，非汤药所能痊可，须相公自己调理为主，汤药为辅，但亦得缓缓而行，不可又被情中，切记不可愤闷。”老郎中说到这里，顿了一顿，一副欲言又止的样子。

“先生有话请讲，不必顾忌。”陈子昂赶紧说。

“敢问相公因何积聚了郁闷之气？又因何有情伤之症?”郎中小心地问了问。

陈子昂没有说话，他只是长长地出了一口气。老郎中乖觉，不再问，开始写药方子了。

这老先生确是不凡，他一下子就点明了陈子昂的病根，不过他不知道，陈子昂伤的情，乃友情而非男女之情。

调养了数日，陈子昂又起程就道，直奔洛阳。

四十六　饯杜审言

陈子昂回到洛阳，首先听到的就是武则天对武三思、武攸宜以及后来又任命的大总管武懿宗特别满意，说他们有功社稷，有功天下黎民，都给了不少的赏赐。表面上是这样说，实质上武则天是觉得武三思等人给姓武的争了面子，给了她以后进行滥赏提供了根据。其实谁人不知，家天下的那一套就是如此。

武则天高兴，诸武也高兴。武攸宜为了显示自己的功勋，特在府中大开宴筵，不但把军幕中的人全都请来，而且把朝中的很多人也都请来，一时搞得热闹非常。

陈子昂作为武攸宜的幕中僚属，自然在被请之列。说实在的，自打武攸宜将他斥在军曹之时，陈子昂已经对他没丝毫兴趣了。但陈子昂此时较为成熟，他不想公开树敌，他在为以后顺利的退隐作准备，所以只能硬着头皮来到武攸宜的建安郡王府。

王府内热闹极了。宽大的天井此时显得那么拥挤，人来人往。武府的管家跑进跑出，忙着招呼安排。陈子昂看到很多人都给那几个管家往手里塞着什么，有的还赔着笑脸。他心里忽然觉得紧缩起来，感到身上也不自在了。

将近午时，众人被让到后花园中。这花园可真大。但见花木扶疏，亭榭相连；长长的回廊曲曲折折，傍假山穿竹木；幽微处忽露小楼一角，平添多少情趣；敞亮处但见花厅辉煌，多么富丽华彩。王府宫室赛如天上，此乃地下锦绣人家。

席面就排在花厅，两行桌椅，排列整齐。众人坐下，武攸宜从屏风后转了出来，向众人道乏，拱了拱手。众人都站了起来，给建安王贺喜。这些不用细说。陈子昂看在眼里，想起在幽燕之时，武攸宜畏敌而不敢进，整军无方，轻脱跳荡，今日却端起了架子，陈子昂的胃就一阵阵紧，他真的想呕吐了。

酒菜流水般的端了上来，真是山珍海味俱全，厨子的手艺也好。但见来的众人，轰然乱叫，拼命灌酒，使劲吃菜，一边不忘连口称赞，说起些不着边际的奉承话。陈子昂却没了胃口，也失去了往日豪饮的酒兴。席上，勉强吃了几口，就推说不舒服，从花厅里退了出来。趁众人不注意，他溜出花园，溜出了武攸宜的王府。走到大街上的时候，他才长长出了口气。

热闹之后就是沉寂，再耀眼的烟火总有熄灭的时候，陈子昂已经不愿再看那种俗不可耐的热闹，他倒宁愿在沉寂中倾听历史和现实的声音，在沉寂中体味生命的真实存在。这是透彻于人生者的追求，是智者的追求。

陈子昂的沉寂并不能保持多久。这年的九月，洛阳丞杜审言被贬为吉州司户参军，在洛阳的文人圈子中引起了不小的震动，也给陈子昂以一些冲击。

杜审言是唐代伟大诗人杜甫的祖父，生有俊才，诗文都相当杰出。他咸亨元年（670 年）登进士第，为隰城尉，与李峤、苏味道、崔融一起被称为“文章四友”，在当时是享有盛名的。杜审言被贬，京师的那些朋友以及文人圈子里的人，便自发的前来相送，一下子就到了 45 人，由此亦可见杜审言在当时的名气是很大的。

要知道，杜审言是被贬而离洛阳至吉州的，他并不是拜将出征，亦不是受命出使，更不是升官就任。以一个被贬斥的身分，引起了这么多人的关注，竟然不避嫌疑前来送行，至少可以知道两件事：第一，那时的人还心存忠厚，公道还在人心，虽然诸武和酷吏肆虐，并没把人们的精神彻底摧毁。第二，说明杜审言既有影响又较重于交友之道，若不是这样，别人有什么必要来捧他呢？他又不能给别人以什么好处。过去有的书上说杜审言骄蹇傲物，对人多所凌侮，似乎不那么可信。

杜审言起行的那一天，陈子昂午时未到就到了城南洛水岸边的千秋亭，杜审言要乘舟入黄河，经泗水而过淮，然后前往吉州，千秋亭是他的出发地。

午时左右，洛阳的文人们聚到了千秋亭前，这次祖饯也算得上规模不小，杜审言够荣耀的了。这些人中，有李峤、崔融、宋之问、武平一、阎朝隐、王无竞、沈佺期、李迥秀等，都是文辞传在人口，都下腾声，为一时之秀。

像往时一样，陈子昂被人们推举，为这次盛集赋诗活动作序。他作的序音韵铿锵，层次分明，言辞得体，特别是对杜审言诗歌创作情况的描述与评价，充分说明了杜审言在初唐诗歌发展中的地位和作用，很有价值。割裂难见全貌，且将这篇序抄在下面：

> 嗟夫，德则有邻，才不必贵。昔有耕于岩石，而名动京师；词感帝王，乃位卑武骑。夫岂不遭昌运哉。盖时命不齐，奇偶有数。当用贤之世，贾谊窜于长沙；居好文之朝，崔骃放于辽海。况大圣提象，群臣守规。杜司户炳灵翰林，研几策府，有重名于天下，而独秀于朝端。徐陈应刘，不得劘其垒；何王沈谢，适足靡其旗；而载笔下僚，三十余载。秉不羁之操，物莫同当；合绝

唱之音，人皆寡和。群公爱祢衡之俊，留在京师；天子以桓谭之非，谪居外郡。苍龙阏茂，扁舟入吴。告别千秋之亭，回棹五湖之曲；朝廷相送，驻旌盖于城隅；之子孤游，森风帆于天际。白云自出，苍梧渐远，帝台半隐，坐隔丹霄，巴山一望，魂断渌水。于是邀白日，藉青萍，追潇湘之游，寄洞庭之乐。吴歈楚舞，右琴左瑟，将以缓燕客之心，慰越人之思。杜君乃扶琴起舞，抗首高歌，哀皓首而未遇，恐青春之蹉跎；且欲携幽兰，结芳桂，饮石泉以节味，咏商山以卒岁；返耕饵术，吾将老焉。群公嘉之，赋诗以赠。凡四十五人，具题爵里。

这篇序，开首就说人的“时命不齐，奇偶有数”，以贾谊和东汉崔骃为例，说明好人能人有才华的人不一定不受到不公正的待遇；接着盛赞杜审言的诗歌成就，“徐陈应刘”指建安七子中的徐幹、应玚、陈琳、刘桢，“何王沈谢”指南朝的何逊、王融、沈约、谢朓，这些人都是历史上的著名诗人。陈子昂认为他们都不能与杜审言相匹敌，这个评价是相当高的。陈子昂对诗的要求，标准很高，如此推崇杜审言，足见杜审言在当时的地位和影响。当然，作为这篇特定情况下写的送行序，评价未必很允当，但足见当时人的看法。因为当时与会的都是著名文人，一时之秀，陈子昂所说他们都是认可了的，这不是信口开河。再下面，述及杜审言被贬的缘由，说是有“桓谭之非”。桓谭是西汉东汉之际的人，他曾屡次上书言事，以不信谶纬而得罪了东汉光武帝刘秀，几性命不保，后贬为六安丞。由此可知，杜审言因言事得罪，所言之事，当与武则天搞的那套所谓“祥瑞”有关。然后，序中述祖饯送行情况，兼及杜审言独自远行，特别强调了杜审言

“抗首高歌”的内容，标明了杜审言的情怀。最后，说大家赠诗，人数和具题名爵里贯的情况。这是一篇典型的又较为充实的送行序，值得一读，也保留了唐诗史上一段佳话美谈。

陈子昂写这篇序，亦有借他人之酒杯，浇自己之块垒的意思，所以写得文情并茂。送行之后，陈子昂似乎更看清了朝廷的情况，他觉得呆下去实在太没意思了，特别是杜审言以言事得罪，给他刺激很大。言者无罪，即使一个专制时代的君主，也应懂这个道理。兼听则明，偏信则暗。但武则天不太喜欢人家多说，特别是不喜欢人家说什么继统啦，诸武啦，张氏兄弟啦什么的，她忌讳这些。既然如此，自己又任拾遗，话可怎么说呢？弄不好就一定要得罪. 他想起被武承嗣陷害而死的好友乔知之，想到了自己被无端的诬陷，一次不成，难保没有第二次。有人对自己有了嫌隙，怎肯善罢甘休，现时不发，不过是等待和寻找时机罢了。他又想起参武攸宜军事，数次进言，终被贬斥，搞的关系也挺紧张。数事相加，前途不但暗淡，简直就是危险。陈子昂不想则已，越想越觉得危难重重，心中既感到不安，又感到愤慨和无奈。思来想去，陈子昂觉得朝廷不是可待的地方了，济世之念既然不能实现，那就只有退隐避祸这一条路了。想到这里，陈子昂终于对于自己的出处有了明确的选择。说来真是不易，陈子昂自 21 岁游长安，至今已 18 年了，经过了无数次的探索，无数次的碰壁，甚至遭到没曾想到过的危难，才算知道了自己应选择的道路。造化愚弄人啊！

圣历元年十月中，就在送别杜审言不久，陈子昂给武则天上了一表，以父老为由，请求解官归养。表上以后不过数日，武则天就同意了他的请求。不过武则天似乎记得陈子昂以前对自己的忠诚，似乎记得对他的数次召见，总算对他格外施恩，允许他带官取给供养，就是说允许他带着官号，每年由朝廷发给一定的费用，回家侍养父亲。这是很优容的了。

陈子昂接到诏书以后，再次看清了武则天的心思。他只好长叹一声，到吏部办理了相关的手续，收拾东西，准备回梓州射洪老家去。

一代才华横溢的诗人，一个有智有谋有志有心的才士，在经过了十几年无望的奋斗之后，就这样离开了他曾梦魂思念萦绕的朝廷，带着满腔的失望，带着奋斗中留下的创伤，在 38 岁的壮年，正可大有作为的时候，踏上了回归老家的路程。

四十七　归途感伤

仲冬的一天，陈子昂带着家人，悄然离开了洛阳，取路长安，奔大散岭归家。

这次的心情格外有些特别。

洛阳到长安的大路两旁，树的叶子全落光了。路边的枯草在寒风中抖动，发出沙沙的响声。天空中压着低低的云，使人觉得有些透不过气来。景色萧条，天色昏暗。

这就像陈子昂的心情一样。

自从十多年以前从长安往洛阳赶考走过这条路以来，陈子昂好多次从这条路上走过，应该说他对这条路相当熟悉。但不知为什么，当年陈子昂对这条路从未仔细地观察过，也许当时心里被别的事情塞满了，他根本就顾不上仔细看这条路的一切。当年赶考走这条路，陈子昂是满怀豪情，满怀期望，大有以天下为己任，舍我其谁的气概。那时他打马的姿势就别有劲头，哪里像现在这样垂头丧气，一副斗败了的公鸡的样子。那年同乔知之一同征仆固，也走了这条路，当时陈子昂怀着立功边陲的梦想，意气风发，同乔知之、王无竞一起纵论天下大事，品评古今文人，何等神采飞越，言辞激昂。后来，丁继母忧返里，又走过这条路，那时是赶路急促，心里却依恋惦记着朝廷。俱往矣，现今弄到这等地步，唉，有什么好说的呢！

马在缓缓地走着，鼻子里喷着白气，陈子昂心潮起伏，往事像图画似的从眼前浮过。他是用心灵在细细阅读，每读一幅，就不免长叹一声。英雄而不得不放弃奋斗的事业，半生飘流，到头来一事无成，任是什么样的人，都不能不感到无奈和沮丧。

一路就这样思来想去。数日之后，到长安，又过几天到了宝鸡，在宝鸡买了好些东西，就向大散关进发了。

冬日的大散关上，山顶上到处是雪，凛冽的朔风吹在脸上，像小刀子在割肉。陈子昂穿着裘皮大衣，顶着狐皮帽子，来到了关下。他没有着急进关，因为他想起了自己曾在这里给乔知之写过一首诗。好几年了，世事变化太大了。那时乔知之尚在同城安北都护府，可现在他却长眠地下。无缘无故，武承嗣就夺了乔的爱妾，这简直是霸道得出了格了。夺了还不说，不许想，想了说了就置之于死地，天下哪有说理的去处啊！想到这里，陈子昂不禁悲从中来，眼睛湿了。知之被害的时候，陈子昂正在射洪老家守孝，他未能有机会见好朋友最后一面。等他赶回洛阳的时候，乔知之早就死了。子昂想，唉！当时我还着急赶回洛阳，着急快些回到朝廷，我那是干什么呢！陈子昂有些自责，他觉得自己对武承嗣害死乔知之的事未能有所表示，是对不起朋友。他觉得自己当时根本就没想到要为知之申冤，实在说不过去。他现在很痛心，也很悲哀，心里一阵酸楚，大颗的泪珠滚落到了地上。

“知之吾兄，子昂今日在此与你赔礼，与你相别了。早知今日，何必当初。知之，你知我心，你知我心啊！”

陈子昂悲从中来，向北深深地拜了下去，心中一阵狂喊。

夹着雪花的风吹过，远处的山、树都隐没在迷茫中，关口附近的松树随风发出吱嘎吱嘎的叫声，就像替陈子昂悲哀似的。

过了大散关，陈子昂领着家人在秦岭中行进。道路崎岖，上下不定，着实把他们累个够呛。天冷路滑，极不好走，每天只不过行进四五十里。二十多天过去了，好不容易一行人才算到了梓州。梓州离射洪不过百里，快些赶，一天也就到了。陈子昂决定在梓州休息休息，然后再回家去，免得蓬首垢面，让人看了不舒服。为了不惊动梓州府的官员，陈子昂没有到府里去，行动也十分小心。这倒不是怕什么，他主要是不想惹麻烦。

到达梓州三天以后，陈子昂带着家人在傍晚时分悄悄地进了家门。

从外表上看，家中的一切都没有什么大的变化。门口的上马石、石狮子，都还在那里放着，黑漆大门也仍然紧闭着，像几年前一样。但陈子昂的心情，却与几年前大不相同了。

见到陈子昂领一行人进家门，仆役下人都感到很吃惊，相公为什么突然回来了呢？他们眼中满含疑问，但未敢问。大相公虽然面色平静，可平静背后似乎有些说不出的东西。老家人陈安给老太爷陈元敬报告说大相公回来了，片时陈安回来对陈子昂说，老太爷已经吃过了饭，正在打坐，先不出来了，要大相公吃过饭到丹室去。

饭吃得较为草草。饭后，陈子昂独自来到陈元敬的丹室。陈元敬坐在蒲团上，在昏暗的灯光下，明显地露出了苍老之态。陈子昂跪拜如仪，坐在一旁，半晌，父子俩谁也没说话。

陈元敬打破了沉默，“子昂，我老了，精神大不如前。你回来好，俗世纷争，无有已时，何如栖心向道；家下诸事亦需你加以料理，收拾放心，打点精神，再作道理。”

知子莫若父，陈元敬知道陈子昂的心情，他不想多说什么了。

“孩儿入仕十数年，所作全成泡影，再呆下去确难有什么进步，与其忍受龌龊，何如以白云为乡，以松鹤为友，故一心请退。大人所言极是，容我细作思量。”

陈子昂也不愿多讲什么，但他的态度是明朗的。

父子俩细说平常事，直至深夜。这一晚，陈子昂睡了数月来最香甜的一个觉。

从第二天起，陈子昂就过起了田园生活。冬日无事，陈子昂就日间读书，夜间打坐，时不时也炼一炼药，倒也算得清闲。从热闹场上一下子就进入清闲，陈子昂起初还不大习惯，总觉得好像缺点什么似的。但过了好些日子，他才逐渐适应这种清闲无事无俗务萦心的生活。

四十八　家居西山

转眼冬去春来，树绿了，花开了，草木散发出诱人的芬芳气息。陈子昂十多年以后，又领略了家乡特有的那种春天气息，感到全身舒畅。说来也怪，人在年轻时，对那种悦情怡神的东西总是不大在意，即使是生活在那个环境中，对某些东西很熟悉，却绝不珍惜，相反，倒时时想脱离熟悉的一切，到不知道什么样的地方去闯一闯，总把熟悉的东西看成是不值得珍惜的东西，而把陌生的东西设想得非常美好。但到了中年以后，在外闯荡一阵以后，再回到青少年时期生活过的环境中，就会觉得一切都那么可贵，以往的一切都那么值得怀念，那颗心，就像重回到可以安放的地方似的。这种少年想跳出熟悉圈子中年想回到熟悉圈子的心理，大概是非常普遍的情况。

陈子昂现在就是这样，他觉得家乡的每一棵树，每一株草，甚至那泥土，都那么亲切，那么可爱，那么值得珍惜。整整一个春天，他几乎跑遍了家乡附近的山山水水，在每一处都着力体会那种震撼心灵的冲动。

陈子昂决定在射洪西山搭几间茅屋居住，他想自己静下来，好好地读书修道。陈元敬没说什么，他知道儿子在想什么。好在西山离武东山不远，住在西山也没什么。

陈子昂于是率领家丁仆役，在西山修葺了十来间房子，开辟了一大块地，一边读书，一边种树植药，莳花弄草。日子倒过得挺平静、挺安详。从根本上说，这种生活在人的本性上的价值决不比奔竞追逐的生活差，简直更好些。当然，话说回来，过这种日子得有资本，不是谁都能过的。若是无衣食之源，就过不上这种日子，在只有奔波才能保证衣食不虞的情况下，这种平静安详的生活就只能是一种可望不可及的理想。曾经有的人把旧时代的文人回家隐居说得很为凄惨，实在是唐突了古人。

陈元敬自子昂回家以后，精神却越来越不济了。不知是由于长期炼丹吃药，因而把身体搞坏了，还是由于长期不大运动，因而身体不行了，还是由于年纪大了，总之情况越来越不乐观。这使陈子昂心情也颇为沉重。

陈子昂读书，历来颇为广博，今闲居无事，就越发读得多起来。特别对于历史，陈子昂表现了极大的兴趣。西方哲人培根这个英国的贵族虽然品质上颇受人诟病，但他说过极为精彩的话，他说过“知识就是力量”，还说过“读历史可以使人明智”。陈子昂越读越觉得历史相似之处太多了，尤其是自汉以来，文人学士的地位变化太大了，与先秦相比不可同日而语，其境遇之别相去不可以道里计。对此，结合着自己以及自己所亲闻目见的同时代的文人的遭际，陈子昂有着极深刻的想法。同时，陈子昂认为中国历史著作，除了太史公司马迁的《史记》之外，自《汉书》以至唐朝初期魏徵诸人所修《晋书》以及《南史》、《北史》都颇为芜杂，不得要领，因此他决定像太史公司马迁一样，独自修史，把汉武帝以来以至唐的史事撰成《后史记》一书。

所谓《史记》以后的史书芜杂指的是什么呢？陈子昂要修《后史记》意义又是什么呢？现今有关陈子昂的材料对此都没有加以哪怕是一点解释。但是，人们可以从陈子昂给这部书起的名字，以及他只选汉武以后史事这些地方得其大概。

其实，太史公司马迁所作的《史记》，是“究天人之际，成一家之言”的产物，太史公有他自己的评价标准，并不是按照帝王的标准或是礼教的标准评价历史人物和事件的，所以班固在《汉书·司马迁传》中说他“述大道则先黄老而后六经，是非颇谬于圣人”，对他表示了相当的不满。《史记》是司马迁发愤之作。陈子昂把自己将要作的书命名为《后史记》，显然表明了他对前辈司马迁的景仰，表明了他对司马迁对历史看法的赞同，表明了他将按照司马迁的榜样，对历史特别是汉武帝以来到唐的历史提出自己的看法，表明他这部书也是发愤之作。这是最重要的。陈子昂写历史，特别地要从汉武帝开始，因为司马迁的《史记》就写到汉武帝为止。这就证明陈子昂只想继承司马迁的史学传统，而对其他的史家和史学著作，他是不满意的。他也是发愤著书，以通其意。

于是，陈子昂收集了汉武帝以来的史事，粗加排比，整齐纲目。这个工作很为艰苦。陈子昂日夜思考，不得少辍。他心中时时浮现出那些在历史上活跃过的著名人物的鲜活面容，身边时时响起历史的沉重声音。他时而开怀，时而愤激，觉得自己就活在那些人物中间，能深切地感受到他们的喜怒哀乐。常常在夜深人静的时候，陈子昂来到屋外，仰望天上的明月。当月光洒满他全身的时候，他觉得自己也随着这皎洁的银光一起飞升到了那光明的世界。他融化了，融入了天边的宇宙，融入了历史，从而把握了无限。陈子昂的心灵，这时就像一片具有无限张力的一个力场，包容着一切。他就在对历史和宇宙的把握之中不断地升华。

四十九　守制哀毁

真所谓人有旦夕祸福，性命无常，正当陈子昂全身心地投入到《后史记》的撰写中去的时候，陈元敬因年老而患病，于圣历二年（699 年）七月七日故去，陈子昂只得停下他的工作，料理父亲的后事。

陈元敬一生求道，炼药，潜心于神仙之事，但却未能永葆青春，只活了 77 岁，足证求仙修道之不足恃。不过当时人生七十古来稀，陈元敬 77 岁，在当时已是高龄，这一点是可以自慰的。

父亲死去了，以陈家在当地的声望和家世传统，按当时的规矩，是需要大加操办的。陈子昂虽明知操办太大无益，但碍于当时的情况，又不得不办。陈家是个豪富之家，仆从甚多，一应杂事都不必陈子昂操心。天井里搭起了两座大棚，专门给道士们做道场的，陈元敬是修道之人，因此未请和尚做道场。花厅里布置成灵堂，挂满了白幔，地上铺着蒲团，以便跪拜。总之，一切都是按当时的规矩办的，显得极为隆重。

陈子昂领着两个儿子，守在陈元敬灵旁，凡来奠祭的人，都要跪拜如仪，陈子昂和两个儿子则要跪拜答礼。陈元敬生前以豪爽著名乡里，受过他照顾恩惠的人很多，因此来祭奠的人络绎不绝，而且陈元敬是有功名的人，陈子昂做过朝官，于今带官取给家居，因此官府中的人也前来吊丧，这就使陈子昂分外忙碌。日间人来人往，晚上道士念经超度陈元敬亡魂，吹吹打打，钟磬齐鸣，声闻可数里，弄得陈子昂也睡不好觉。本来陈子昂就身体瘦弱，又多年熬费精神心血，健康状况并不好。父亲去世，他又十分伤悲，愈发感觉有些不舒服。加上这么白天晚上的闹哄，陈子昂的身体要垮了。

中国历来是以孝治天下的，活着当然子女要孝顺，晨昏定省之类的事情天天必做，这倒还好说。要是父母亡去，那礼仪的要求就比活着的时候更严格，更繁琐，在相当一段时间里，儿子简直是在活受罪。这实际上是以死人压活人，让活人永远地顺从死人，这是文化保守性的充分表现。孝的基点是报恩，这就把父母子女之间的真诚情感淡化甚至扼杀了，父母天性爱子女，子女天性依恋父母，为什么不让这种情感自然地发展、自然地流露，而非要以“报恩”的观念来代替呢？为什么搞得父母像放债的债权人，而子女像借债的债务人呢？

陈元敬的尸体在家里放了九十余日，然后在祖茔安葬了。

虽然入土为安了，但陈子昂的尽孝却没有随之结束，反而加重了负担。按照当时的规定，他在三年之中要枕着土块，盖着草席，居于他父母墓侧，以尽“孝道”。好在陈子昂虽然从内心中对父亲的去世深感悲伤，但他毕竟还算清醒，他只按照要求在墓侧搭了个小房子，却并没有枕块席苫，晚上睡觉也盖着被子，就这也是很艰难的了。所以到了十月末，陈子昂已经有些支持不住了。这时，他站起来都感到困难，走路要扶着拐杖，可见他已到了何种境况。就是这样，陈子昂还每天要到父亲墓上焚香吊拜，他确实是个孝顺儿子。但陈子昂的孝顺，更多的是天性对父亲的爱恋，并不尽是遵从礼仪规定，这就更显出了子昂纯真的性情。

到了十一月，天气相当寒冷了，家里人都劝说，要陈子昂搬回来往，每天上墓就是了。几经劝说，陈子昂看看外边树已秃了，朔风吹着枯枝嗡嗡作响，连乌鸦都很少见到了，在野外居住确实不便，连吃饭都成了问题，这才搬回家里。

自此以后，有将近一年多的时间，陈子昂居家守制。他的身体逐渐地恢复了，逐渐地从哀伤之中摆脱了出来，进入了较为平静正常的生活。白天，他要督促家人干各种杂务，还要督促他的两个儿子读书作文，有空就自己种些药，侍弄侍弄花草，晚上则读书写文章，想把《后史记》搞好，虽离开了洛阳那繁华之都，但也觉得挺充实的。人就是这样，在经历过一切以后，对生活就有了新的认识，就会对以往的那种汲汲态度有相当的反思，就会心平如水，就会泰然面对以前舍弃了的生活，陈子昂此时就是如此，他甚至对自己以前的那种热切的进取感到有些遗憾。

但他想也没有想到，一场大祸正在等着他，武氏的人并没有忘记他。他的平静生活被粉碎了，他被投入了险恶的浊流中。

五十　段简为县

陈子昂家居守制之时，射洪县的县令换了人。新来的县令姓段名简。这个段简一到射阳，不久就断送了陈子昂的性命。

这个段简何许人也？说来话就不免要长一些。

这段简，原来也是一个进士出身。释褐之后，初在外为县尉，其时正是武氏势焰薰天之际，这段简虽厕身于士林，经过科场，但品行龌龊，人格卑下，一心只想发财升官，所以他脸皮甚厚，廉耻全无。

段简在僻远小县做县尉，总觉得没有出息。唐时县尉，虽是县中官长之一，但为属官，凡事得听县令的，如果弄不好，县令可以打他的屁股。凡为县尉，还要鞭扑黎庶，促缴租税，负责缉盗，维护治安。总之，庶务甚多而实惠却少，对上级恭敬，对下则要严酷。段简为县尉，过了一段时间，就觉得不赶快想个办法，这辈子也许就完了。于是他想来想去，想到了一个招术，他决定利用公干的机会，到京都去寻找门路，然后就想法巴结，找机会调入京中最好，至少也得做个正堂官，别老受人的指使。

段简的机缘也算可以，正当他日思夜想准备寻找机会的时候，机会就来了。就在长安元年的秋末，县令派段简到州中汇报一下县里的情况。于是，段简来到州里，堂上拜见了刺史，简要地禀报了县中的情况。当时，天下郡国每年都要到京中汇报，押解进贡物品。此种做法，汉时称作上计，唐时称作上解。这上解本来由州中的主要僚佐负责。但此时，州中的人手不足，于是段简就被派随同州长史一同进京，帮助押解物事。这对段简可说是一个寻也寻不着的好机会。他连县也不回了，就让人给家里带个信，随州长史就上了路。

一路上风餐露宿，保护贡物，辛苦不必细说。

段简从州里出发，就想好了到京以后要投靠武三思，因为段简是武三思为春官尚书掌管礼部时所选的进士，就凭这层关系，段简琢磨再加上多送好财货，那事儿就大致可以有个好的结果。所以当从州里出发时，段简已经准备好了稀奇的物事，放在一个坚固的小箱子里，随身带着，时时看护，真比看护儿子还上心。

到京以后，段简同州长史先到了户部，办理押解的物品交割，长史还缴上了州的簿籍也就是州里的财政决算册子，以备察查。东西交上以后，部里要经过核查，才能作出结论，发下批文，因此，州长史和段简一行人在京师要有很多天的耽搁。长史与其他人决定好好玩一玩，抽空也拜会几个当朝的大老。各人都有各人的门路。段简就决定利用这段时间，一定要巴结上武三思。

闲话少说。一日，段简封好门敬。所谓门敬，是指送给王公府第门房的见面礼。俗话说，宰相家人七品官，那府中的门房权就大了。你想啊，你到王府，先得递上名刺，上书姓名籍贯品级官位等等，然后由门房给你递进去。门房要是愿意为你效力，那递的就快，说得也好，大官见你也就顺当；否则的话，门房看你别扭，他就给你挡了驾，你不就无缘见到你想见的那个“大官”了吗？所以段简先封好了门敬，小心地捧着那个小箱子，来到了武三思的梁王府。

到得府前，门敬献上，门房一见，眉眼都笑开了。有什么样的下人，就有什么样的主子，段简一见，心中就有了谱，他觉得自己揣摩的不错。有道是，有钱能使鬼推磨，何况门房还是人。于是拿着段简的名刺，递了上去，并说来的那人捧着一个精美的小箱子，急着要见王爷。武三思一看名刺，上书长寿年间进士段简，知道这是自己为春官尚书所取之人，那心情就不太一样，又听说捧个精美小箱子，心里不免一动，忙令传进。人就这么怪，对与己有关的事总是格外关心动心。

段简进来，一见武三思坐在太师椅上，立刻仆身跪倒，口称恩师，然后双手奉上那个小箱子。

武三思用手惦了惦，不太沉；晃一晃，没动静。就招呼段简过来，将箱子打开。段简上前，接过箱子，凑在三思身边，一边开箱，一边说：

“恩师对学生天高地厚之恩，无以为报，这只是一点小物事，聊备恩师清玩。望恩师不要嫌弃。”

武三思定睛一看，只见箱中分成几个小格，均以锦缎铺底，一个格中放着一双玉璧，玉色纯正，温润透明，即使不是和氏璧，也极为名贵。另一小格放着一枚薄薄的铜镜，背朝上像鼻纽，背上雕着马和葡萄。那马的神态逼真极了，举首振鬣，四蹄蹬开，作奔驰之状。那葡萄滚圆，叶子飘动似的，显然这是世间所说汉时的天马葡萄镜，可说是非常珍贵。另三个小格中，每格中都有一颗珍珠。这珍珠透明晶莹，闪闪发光，都有龙眼大小，显见是东海夜明珠了。武三思虽然品格不高，但多年混迹大僚，出入宫禁，对宝物是很熟悉的，一见之下，就知段简这份礼非同小可，可说价值连城，足见段简的心血了。

武三思一见礼物，顿时脸上喜笑颜开。他眼睛眯成一条缝，连呼家人上茶上点心，请段简坐在身旁，那亲热劲，真是难描难画。

“贤契备此重礼，老夫心下很为高兴。贤契有什么事，尽管说好了。”武三思温颜悦色地对段简说。

段简赶忙回话：“不敢唐突恩师。学生中进士数年，现为一介县尉，想求恩师玉成。”

武三思见说如此，立即说：“此话好说，待老夫明日就与你办一办。”这倒不是他吹牛，朝廷姓武，武三思又极有权势手腕，办这点小事容易得很。

段简见说，立即离座施礼，口中连说“谢老师恩典”。

武三思顿了一顿，又说：“转官小事，一下子进京也可，不过老夫有件事，你先替我办了，然后我再把你调入京中安排。”

“但凭恩师处置，学生无不从命。”段简知道，只要武三思答应了，什么事都不成问题，问题只在你是不是讨他的欢心了，只要把这个线抓住，自己的前程还用愁什么呢？

“你知道右拾遗陈子昂这个人吗？”武三思问。

“学生知道。往年在京，听人许他为当今文宗。他屡蒙圣上恩宠，不知现时如何。”段简小心地回答。

“此人虽屡蒙恩宠，但却并不与我等亲近，往年有人告他谋逆，后被圣皇赦免，从征契丹，现已休致在家。风闻他私撰国史，不知如何，想来空发狂士见解。此人旧与乔知之相知甚深，对魏王含有旧怨，于乔之死耿耿于怀。此人文辞英伟，不得不防。我想派人先到射洪，了此公事。陈家当地豪富，贤契了此公事，公私两利，你意下如何？”武三思慢声细语，但语气中满含杀机。

段简当然听得出武三思的意思。他知道，此事做好了，自己的前程更有保证，如不做或做不好，那不但前程完了，自己的苦心白费，就是性命也不知保不保得住。他是一个钻营之徒，他还能想什么呢？于是赶忙道："恩师但有差遣，学生无不尽力。"

武三思抬起眉毛，看了段简一眼，说："那好。明日老夫就让吏部放牒，派你到射洪，不必再来辞行，一切你自己料理。但要快些，不可拖延。事成之后，老夫再作区处。"

段简从梁王府退出，第二天就拿到了告身。告身就类似现在的委任状、任命书。然后打点行装，赶往射洪上任。一面派人回原任县尉处搬取家小。

这个段简既是这样一个苟且之人，又受武三思意旨，你想那陈子昂还有好吗？于是，陈子昂守制还未完，段简刚到不及半年，陈子昂的祸事就来了。

五十一　段简示威

段简因贿赂武三思而做了射洪县令，你想他能不从两方面来找陈子昂的麻烦吗？一方面，段简知陈家为射洪豪富，就想把陈家之财勒索出来，以饱私囊。他想，自己奉承武三思钱上百万，就得从陈子昂那里找回来。二方面，他受了武三思之命，哪敢不尽心去办，总得把这个事了结了。就这样，段简到任不久，就专门对付陈子昂了。

陈子昂当时一面在家守制，一面读书，以为自己不再参与政治，可以免除烦恼，也可以远祸，但他想错了。真如古人所说，人在家中坐，祸从天上来。

一日，陈子昂正在书房读书，家人来报，说射洪县令派人前来，要见老爷。

陈子昂一听，心中一动。他想，自己回归乡里，屏迹不出，未与官府交往，就是为了脱离官场污浊阴险，远害全身，今日为何县令派人前来？听说县令为新来的，姓段名简，自己与他并不相熟，他派人来干什么呢？但人既来了，就不能不见，只好让家人请来人到客厅相见。

陈子昂虽解官家居，但还是取官资也就是拿俸禄的，带官休致，所以他就穿上了官服，来到客厅。

但见客厅中一人，九品袍带，一问之下，知是县里主簿。主簿这个官，唐时管钱粮租税的，用今天的话说，就是管经济的，不过当时他倒不管你如何计划，他只管收取钱粮，只管安排县里的开销，打点上缴的钱财的。

陈子昂拱手问道："不知主簿来寒舍所为何事？"

"啊！拾遗大人，下官受县令段大人差遣前来，是有一事相商。"主簿官品虽然不高，但他是现官，现在这样说，算是客气的。

"请讲。"陈子昂平静地说。

"拾遗大人知道，射洪僻远贫瘠，学舍已经多年未修。县令大人上任以来，以此为急，他想弘文翁之化，使射洪成为礼仪之乡。大人落籍于此，家世豪富，又热心公益，定愿造福桑梓，所以县令大人命我来与大人相商，请拾遗大人出资修缮学舍，不知大人意下如何？"主簿拖长声音，说得虽慢但语气中有不容反驳的味道。

陈子昂一听之下，心中已明白大半了。

要知道，陈子昂虽然解官家居，但仍带官取资，而且因他在外为官多年，熟知官场险恶，因而虽然家居，对地方上的动静不能不有所关心。因此，他时常派人打听县中府中的消息。前些日子，他听人说县令换了新人，新县令一上任，就严加追比，勒令百姓补交历年积欠，稍不如意，就鞭扑敲打，甚至枷号示众，他就知道这个县令是贪婪而酷暴的，所以他就未上县中去拜会，他想离这个人远点。没想到，现在这个人竟然找上门来，陈子昂已经明白这个县令把手伸向了自己。

陈子昂沉吟了一会儿，说："修缮学舍，造福桑梓，此乃好事，我当然不能不管。但我多年为官在外，家中缺乏经理，现在资财有限，不过我会尽力而为，请主簿上复县令大人。"

“拾遗不必如此。陈家富甲一方，拾遗豪爽热心，谁人不知，哪个不晓。因此县令大人想请拾遗大人一人玉成此事，不必更烦他人。不知拾遗大人意下如何。”主簿话里软中有硬，语气不紧不慢，一边说一边用眼角瞟着陈子昂。

陈子昂一听一看，心中就翻腾开了。主簿的态度让他很生气，无论怎么说，他都是一个得到皇帝准许的取俸休致的中朝官，一个小小的主簿竟敢如此傲慢不敬，这太令人过不去了。这是一层。陈子昂那久已销磨了的豪气不由得又在胸中涌动了起来。但转念一想，一个射洪小县的县令、主簿竟敢如此狂妄，说不定背后有什么背景，也许如此傲慢不敬，正是他们的一个步骤。自己如果沉不住气，就正中了他们的下怀，他们很可能利用这个机会来搞事，这个当不能上。这是第二层。于是，陈子昂决定，不能贸然，先想办法把主簿打发走，然后再想办法打听打听情况，等情况弄明白了，再决定应付的办法。这是第三层。瞬息之间，陈子昂的脑子里就这样翻来覆去地转了好几转。

想妥之后，陈子昂满脸堆笑，对主簿拱手道：“主簿所言，陈某已明白了。我陈家虽薄有资财，却还不能说富甲一方，仅止衣食无虞，公私无亏罢了。倒是陈某有豪情热心，愿随县令大人之后，为桑梓做些贡献，所以可以勉为其难，修缮学宫，是为好事义举，陈某无论如何都会尽力担当就是。想我陈某在朝为官十余年，蒙圣上恩宠，得以亲近，又许我取资休致，真是恩重如山，如此也可算是为圣上教化尽些心力。请主簿上复县令大人，陈某敬请大人安排。”

陈子昂这番话，亦是软中有硬，他特别提到朝中为官，得以亲近，是要让段简知道，他并不是可以随便拿捏的软面团，他也是有过荣耀的人物。主簿是个老于世故的油子，对陈子昂的话，他哪能听不明白，当下就笑嘻嘻地说：“拾遗大人如此慷慨，足证确实热心桑梓，豪爽过人，我家大人定然钦敬。拾遗大人在朝为官，名动天下，更是无人不知。我家大人此次来射洪为令，临行之时，武尚书梁王千岁还特加嘱咐，要我家大人好好看顾拾遗大人呢。某即刻回县，将拾遗先生所言禀知我家大人。拾遗大人亦要早作安排。”说完，主簿就从座中站起，对着陈子昂打了一拱，皮笑肉不笑地说：“打搅了，告辞。”

当主簿说到武尚书梁王千岁的时候，陈子昂已经明白了，原来段简这小子到任就来找麻烦，是受武三思的指使啊。怪不得连一个未入流的小小主簿，说话都带着骨头。陈子昂想到武三思，心里不由一阵紧缩，但面上又不能显露。听完主簿的话，陈子昂脸上勉强堆着笑，说道：“请主簿上复县令大人，陈某静听安排。”说到这里，面上一肃，接着道：“陈某在朝，为天下苍生着想，多次论及为政。梁王千岁，中朝重臣，陈某亦与之面识。你家大人既得梁王看顾，想亦是为官一方，造福百姓的。陈某居于治下，亦当沾及雨露了。主簿回县，请代陈某先行谢过县令大人。”

“这个自然，这个自然。”主簿边拱手边说，向外走去。陈子昂跟在后边，直将主簿送出大门，方才回来。

坐在书房，陈子昂心里很为激动。武三思嘱咐段简，显见不会有什么好话，事情来得如此之快，如此之急，是想也未想到的。怎么办呢？逃避归里，没想到武三思竟然追到家中，天地之大，恐怕无处可去了。想来想去，无有善策，看来只好小心应付，看能不能躲过这场劫难。自己同武三思并无直接冲突，而且自己对武则天和武周王朝从未表示过不满，想来他们的目的不过是弄几个钱，这就好对付了。主意打定，陈子昂有些平静了。这时，他真的感到奸臣当道，那正直的好人可就太难过了。他心中不由升起了厌恶武氏家族以至对之感到愤怒的情绪来。

陈子昂决定要以静待动，看看段简有什么手段。他当然明白，段简派人，是先行示威，前途肯定险恶。是祸躲不过，他要找你，你没办法的，只能面对。陈子昂决定对付段简，看看示威之后，段简还有什么动作。

五十二　段简索钱

主簿去后，一连数日，县里没有人来，也没传过话，这倒颇令陈子昂纳闷，不知段简葫芦里卖的是什么药。

然而段简并没有忘记我们的诗人，数日没有动静，并不是他放松了，而是暗中加紧了活动，准备对陈子昂狠狠地一击。

果然，主簿去后的七八天吧，县里的一个文案同子昂的管家搭上话。文案告诉管家，说是段县令这些天就等陈相公到县里送钱去呢，可没见陈相公的人影，县令大人有些不耐烦了。而且这个文案还露了一个口风，说是有人说陈相公在家里私修国史，段老爷对这件事颇感兴趣。

管家一听，吓了一跳。赶忙就跑回家，向陈子昂作了报告。陈子昂一听，心下明白了大半，看样子这是苍蝇叮上了鸡蛋，无缝也要下蛆。陈子昂明白，段简要是以私修国史的罪名搞他，他还真就有口难辩。要知道，当时修史都是朝廷组织，私人修史犯了忌讳，若要说你有事，说你有罪，就像磨道找驴蹄似的，绝对跑不了。更何况当时正是酷吏横行，罗织大盛，无事都能给你整上大事，有了一点由头，那还不把你整死!!

陈子昂不明就里，他不知道，段简搞他是武三思和段简深思熟虑的既定方针，人是非整死不可，钱也非整来不可。他还以为这是段简个人的行为，是段简贪婪所致。文人的心思，真令人又可叹又可笑。你看他写诗作文，满篇锦绣，好像有多大才学似的，好像对世事如何洞明似的，可真到了对世事观照的时候，好多事就是看不透。不过话说回来，这倒也不是他们愚蠢，主要是他们想不到人心那么险恶，对好些事缺乏防范。他们往往觉得自己直道事人，并无害人之心，人家干么非要害己，所以他们很少将心思精神放在认真对别人的揣摩上；再加上他们往往都有点抱负，想立功，立功不成，至少也要立言，没功夫专门琢磨人。他们不像有些人，闲着没事，就是吃喝玩乐，就是琢磨人，对上琢磨投其所好，对下琢磨整一整害一害，这就是他们的生活，就是他们的人生。古往今来，这两种人都不少。这前一种不敢说定有成就，总算干点于心无愧的正经事；这后一种，实际是社会的蛆虫，人间的蝥贼，人类就因为有了他们，显得很为卑劣，世上有了他们，生出无数风波。

陈子昂听了管家的报告，当下以为是段简跟他过不去，心中是又气又恼，又觉得问题不大，可以应付过去，就问管家，该如何办。

管家在陈府干了数十年，写诗作文不会，可对人情世故了如指掌，当下略一沉吟，说："段县令若是要钱，这倒好应付，只怕还不止此，那就得好好防备了。依老奴的想法，老爷还得仔细想想，这段县令是不是有什么来头，我们心里也好有个数。"

陈子昂点了点头，说："这段简我并不相识，也不知他的情况，没听说他与朝中贵势有什么瓜葛，这实实让人想不通。况且我在朝中，并无什么仇家，此人如此逼迫，实无道理。"说到这里，陈子昂有些激动，他手一拍桌子，"我陈子昂正直立世，为国为民，难道就伏贴了一个县令！且不去管他，看他如何。"

看陈子昂发了脾气，管家只好退了出来。

这陈子昂越思越想，越觉得气恼。自己半生奋斗，抱负远大，未想到临了会是这种状况，道不行，无可如何，一个小小县令，也来骚扰，难道天地间就这么不公平！

且说管家，他左思右想，觉得自己的主人才高气傲，一生正直，他绝不会低眉顺眼地听命于县令，恐怕弄不好就惹上大祸了，自己得自作主张，免了这场祸事，即使主人将来怪罪，也说不得许多了。于是，这管家又去找那个传话的文案，想从他嘴里打探出些消息。无奈文案也只是传话，更多的也不知晓，只知段老爷要钱。管家就让文案传过话去，说陈府现在家道并不如前，现时只能拿出 20 万钱，请段老爷放手。几经反复，段县令总算点了头，说是先拿 20 万可以，不过太少了点，还得准备些，到时再说。

就这样，20 万在一个夜里被送进了县令府里。满以为可以消停了，谁知不过半月，那边又传来话，说是陈府上千万家资，只送区区 20 万，段老爷哪里放在心上。陈子昂要想太平，就得琢磨琢磨，否则就要下手了。

管家一看，这段县令狮子开口，想把陈家吞了，不知背后还有什么东西，不敢隐瞒，连忙向陈子昂报告。陈子昂听完之后，那刚直爽豪之气被激了起来，他说：

“我陈子昂顶天立地，一个豪气男儿，岂能任由小人摆布。天地正气，粹于君子，段简又能如何！圣人厄于陈蔡，董子终老于家，杨子亦曾投阁，道不行，乃天也，吾知之矣。然君子大丈夫，富贵不能淫，威武不能屈，贫贱不能移，岂可因小人之恫吓而移志也。我终不向段简低头。”

陈子昂的话掷地有声，当作金石之鸣，刚健君子，何时都是刚健君子，这真是天地正气所粹炼出来的。不过，管家听了，可就有点犯难了。他深知，小人是无所不用其极的，段简既已动手，岂能半途而废。他为主人担着大忧。

确实，段简不能半途而废，因为他的计划就是两步，先榨钱，后整死人。即使千万都予以他，他照样也要整的。

就这样，段简开始了紧逼的动作，陈子昂从此陷入了深渊。

五十三　段简威逼

段简在衙门中久等陈家再次送钱，可是半个月过去了，未见有人来。问文案几次，说是再未见到陈府的人。段简不觉大怒。段简想，本来想榨干你的钱，再把你罗织致死，不想你竟然如此。那好吧，反正已经有了 20 万钱，那就把你狠狠地整一整，整出钱来更好，一举两得，整不出钱也无妨，整死你钱还怕他跑了。于是，段简就派人到陈家去带陈子昂到县里来，他要下狠辣之手了。

平民之家，就怕官差，差人打门，来了瘟神。陈子昂被县里的差人曳出，坐上了车子，就被送到段简那里去了。段简当然不会有好脸色。一到那里，就问陈子昂说："陈拾遗是不是把修学舍的钱准备好了，我这里正准备动工呢！"好像陈子昂欠他似的，那脸可就太难看了。陈子昂只好答应，先送过来一些钱，待学舍动工之后再陆续凑集所需。一听还要陆续凑集，段简可就非常不满意了，不过现时陈子昂确实拿不出钱来，他只好放了他，要陈子昂尽快想办法把钱送到县衙里来。

陈子昂当然明白段简并不是要修什么学舍，他只是想要钱。但明白归明白，明白也得给，这也同样是明白如火的事。但是，陈子昂哪有那么多钱呢？

从县里回来，陈子昂闷坐书房，反复琢磨，他就是想不明白段简的意思。他还以为段简就是要点钱，根本想不到段简负有使命，不但要钱，而且要命。正因为想不到段简还要命。所以陈子昂想来想去，决定不给钱。他想要看段简究竟有什么手段，能把他怎么样。他的拗脾气上来了，摆出了宁折不弯的架势。

段简等了几天，不见陈家钱到，那无名火就上来了。于是，他又派人赶着车子，把陈子昂从家里拉来。

这一次，段简不说钱的事了，开口就问："风闻陈拾遗休致在家，正在修撰《后史记》，可有此事?"

一听问到此事，陈子昂心中格登了一下。他明白，段简既然问了，就说明他对此事已有所知，要想承认，怕由此引起更大的麻烦；不承认，也不知如何推脱才好，一时心中七上八下，有些乱糟糟的感觉，回答不出什么来。

见陈子昂脸上红一阵白一阵，说不出什么，段简以为自己镇住了陈子昂，就接着说："陈拾遗，你当然知道私修国史是个什么罪名。我也不难为你，你把那纲目给我看看，也许我可以替你遮挡一二，否则追查起来，那就难说了。"

这明明是威胁，而且如果真把纲目交出来，结果恐怕更糟。陈子昂何等聪明，这点小伎俩他能想不到。一想到此，陈子昂就横下了心，"县令大人所言，子昂不知就里。我倒想把汉魏以来之史重修，正准备写个奏章奏明圣上，此种事历代都有，此事只关乎前代，不及本朝，怎可以私修国史之名加之?"

看陈子昂那不服的劲头，听陈子昂强硬之言，段简不觉勃然大怒，脸马上就拉了下来，他厉声道："你不必强辩。前代之史，也不是你可以修得的，况且你已立了纲目，涉及本朝，还敢如此放肆。不必多言，将你撰写的纲目交来再说!"

一听段简这么说，陈子昂既生气又在寻思，他想："这小子从哪里得知我撰《后史记》的事呢？这事如今被他提起，不知是什么意思。看来这事难以善终了。且再想想办法，免被小人所乘才是。”想到这里，陈子昂脸上一正，说道：“县令所言差矣。前代之史，私家撰述者不在少数，只求资政，不在其他，历朝对此，并无呵责。当今本朝天子圣明，正是人思奋翼、才思辅世之时，我陈某虽不才，但曾立身朝堂，亲侍圣主，撰集史事以为鉴戒，当不致受所非议。况且我正在草奏，乞天子允我撰述。至于纲目，乃粗陈大略，以备上奏时请圣天子定夺，这哪里是私修国史？县令大人所言，陈某不能听命。”

“不能听命？”段简轻蔑地一笑，把手重重地一拍，说道：“本官所言，非本官一人之意，你既立身朝堂，该知现今朝堂的情况。纲目既无关本朝，为何不交上来？看来你是不想交出来了。本官现在不与你多说。给你三日期限，务将你所修之纲目交来，如若不交，可就别怪段某不客气了。”

陈子昂一听段简之言，登时心中就雪亮了，朝中情况？朝中不就是武三思一班人只手遮天、乌烟瘴气吗？陈子昂当然明白，武三思所以要他交出修史纲目，就因为那纲目中对后汉等朝的后宫干政、外戚专权作了详细的撰述，这些东西拿去，他们就定会大加发挥，深文周纳，看来自己是无论如何逃不过这一关了。想到这里，陈子昂站起身来，对段简说：“段县令如此说，那陈某只好待三日后再来候教了。我陈某立身天地之间，只知报效朝廷，安辑黎民，躬行正道，其他概不知晓。纲目未完，恕不能从命。”

“且不说什么报效不报效的话头，现今只要你交出所修纲目。且请陈拾遗回去，三日后我会派人去找你。你可想好了！”段简说完，大袖一挥，转身入了后堂。

无可奈何，陈子昂又气又怒。回到家中，他心中就像有小虫子在咬似的难受。他就是想不明白，为什么自己想为朝廷立鉴，想为后世树正气，这也成了罪过。他不明白，为什么有些人就要跟他作对，就要置自己于死地。他整夜不能安睡，披衣而坐，左思右想，想不出个所以然来。人在局中，眼光模糊，不能跳出圈子，又怎么能想通其中的原委呢！

到了第三天，陈子昂既没想清所以如此的缘故，更想不出解救的方法。但有一点洞若观火，那就是，这一次劫难恐怕难以逃脱了，所以他心中不免悲哀起来。大丈夫豪气不除，但到了紧要关头，也难免英雄气短，儿女情长，因为他总是个人哪！一生豪爽刚直的陈子昂此时似乎明白了自己将遭厄运，那心中的柔肠就翻了上来。

傍晚时分，陈子昂打破了往常花园中散步的习惯，来到了内室。他的两个儿子正在内厅里坐着和他的夫人闲话。看到父亲进来，两个儿子赶忙站起来，给父亲施礼，夫人也站起来请陈子昂入座。陈子昂平时对儿子们较为严厉，这两个儿子有点怕他，不大敢与他说话，就是夫人，也轻易不能与他说上几句私房话。儿子看见父亲落了座，就站在旁边，等着听父亲的训话。

“你们两个也坐下吧。”陈子昂温和地对两个儿子说。听到这温和的话语，两个儿子出乎意外，不免有些惊异，互相看了一眼。他们的母亲也略微有些吃惊。

儿子坐下了，陈子昂定定地看了他们很长时间，长叹一声，说：

“家门不幸，突遭厄运，不告诉你们看来是不行了。”

此言一出，夫人及两个孩子都大吃一惊，眼光呆呆地看着陈子昂。子昂慢慢地看了他们一圈，接着就把段简索钱害人的事细细说了一遍。这消息太令人吃惊了，子昂夫人和儿子不免有些慌张。陈子昂镇定地看着他们，口气缓慢但很坚定地说：

“是福不是祸，是祸躲不过。你们既已知道事情的原委，就不要惊慌失措。现在是定下心来，仔细考虑的时候。”说到这里，陈子昂面色很为严肃，他看着夫人和儿子，又说：

“我看此事绝不会善了，因此作了些安排，你们且听我说。明日，段简定会派人前来，我此去生死难料，无论如何，切不可惊慌，一切都要按部就班。你们切记，谨慎行事，段简在此，决不可有任何举动。想那段简，是武三思走狗，贪婪而狠毒，但武三思恨的是我，不会波及你们，段简害我立了功，很快就会升官离开此地，那时你们才可公开出去活动。你们要切记，好好读书，将来参加科考，为陈家争得荣耀。你们要审时度势，牢记我的话，否则就将有大祸了。”说到这里，陈子昂转向夫人，特别地说：“夫人，你我结婚近二十年，不想我身罹此祸，不能陪你了。两个孩子尚幼，千斤重担就压在了你的肩上，如果日后二子有所长进，我陈家列祖列宗都会感激你的。你要善自保重，切勿以我为念，当以训子为重啊！”

人之将死，其言也善。平素陈子昂对夫人、孩子，都有几分严厉，现在紧急关头，如此叮咛，让人心中实在难以承受。夫人和二子不觉都掉下泪来。夫人流着泪说：“相公，你一生想立功立言，上报朝廷，下济黎庶，不想竟被小人所乘，实乃命也！妾当牢记相公之言，一心训子，以维家声。况且，相公即使去了，也许不至有什么大变故，不必过于焦心劳神了，当以身体为重啊。”说到这，夫人叹口气，又道：“想不到妾与相公中道诀别，难道上天就真个不佑善人吗？”

两个儿子也上前跪在子昂面前，说：“父亲教诲，儿等谨记在心，定当侍奉母亲，努力耕读，不敢失坠家绪。血海深仇，儿等亦不敢忘，但儿等定当审时度势，相机而动。儿等不能报此深仇，死不瞑目。父亲的孙子们也当会牢记血恨，此仇一日不报，陈家子孙一日不忘。但父亲不可过于悲观，也许事情不至那么糟呢。”

子昂此时心里难受，挥了挥手，叹了口气，说：“此等事，非尔等所知。那段简立意生事，岂肯善罢甘休，况且此次之事与朝中权贵相关。段简是受命而动，不弄得家破，就是大幸了。你们明日切不可出来，切不可有什么举动，只我一人与段简周旋，诸事都由家人照应即是。”说到这里，陈子昂站了起来，用手轻轻抚摸着两个儿子的头顶，看着夫人，说：“想不到孩儿尚未弱冠，就遭此横祸。夫人，全都靠你了。”然后，他就快步走了出去。

夫人跟到门边，两个儿子也站起来在母亲身后，三个人眼含泪花，目送着子昂削瘦的身影。

这一夜，陈子昂就宿在外书房。他收拾了好久，把诗稿、文稿归拢在一起，把《后史记》的纲目也封了起来。这个工作费去了大半夜的功夫。他每读一诗一文，往日的情景就如图画般浮现出来，他心中就产生无限的感慨。看一回，叹一回，时光就悄悄地流走了。

我们的诗人在感慨、悲愤中渡过了难熬的一夜。窗外，风刮着树枝，发出沙沙的响声，就在这凄迷的夜色里，陈子昂承受着心灵的折磨。

五十四　瘐死狱中

段简十分准时，陈子昂从县衙回来的第四天早上，县里的班头就带着四个差役来到了陈家。什么话也不用说，陈子昂交不出什么段简要的纲目，只好随差人前去，好在他已经给家里人作了交待，大家都心中有底，并不慌乱，只有一个家人跟随着，以便随时传递消息。

这次似乎不同往常，陈子昂一进县衙，就觉出气氛的异样。往常陈子昂都被带到二堂，虽也觉颇有审讯的味道，毕竟不是真的审讯，但今天，陈子昂被直接带到了大堂。大堂上，段简高坐在公案之后，两旁有差役站班，那气氛，大大不同以往。

陈子昂一进大堂，段简二话没说，劈头就问："陈拾遗，你修的《后史记》纲目可曾带来？"

陈子昂见段简傲慢神态，不觉气往上冲，他冷冷一笑，说："陈某上次已经说明，并无什么纲目。现陈某虽休致在家，但带官取给，此乃朝廷优容，纲纪所在，段大人如此讯我，无乃太过乎？"

段简听陈子昂话不对劲，本来就不痛快的心中，加上了戾气，他鼻子一哼，轻蔑地说："休说什么带官取给的话头，别说你休致家居，就算你是在朝命官，武相国要讯你还不是易如反掌。事到如今，尚敢如此强横，看来，不给你点颜色，你是不会吐沫的了。”正说到这里，站在旁边的主簿凑上来，在段简耳边轻轻说了几句什么，那段简边听边微微点头。听完，转过脸来，对陈子昂说：“本县先前敬你是地方豪杰，请你出资修建学舍，造福桑梓，你亦不速将资费送来。人告你私修国史，本县念你曾为命官，不加严讯，你竟然拒不交出纲目底本，真真是胆大妄为。现今且将你下在监中，待本县修本上奏朝廷，且等朝廷议处便是了。本县再劝你一句，你如是识相的，自该明白如何做，否则要贻无穷之悔了。”

听着段简的话，陈子昂心下雪亮，自己所料果然不差，这段简乃受人指使，陷害自己，他是既要钱又要命，无论如何，都脱不过此难了。干脆，不理他就是了，倘能挨过此厄，再想别的办法好了。想到这里，陈子昂挺直了羸弱的身子，定定地瞅着段简，不再讲话。

陈子昂坦然镇定而带着极大轻蔑的目光，使段简沉不住气了。他只觉得背上如有尖利的芒刺扎着，比牛屁股还厚的脸也觉得有些热。他知道，陈子昂把自己看透了，他再也不愿面对一世英杰的陈子昂了。于是他匆匆地挥了挥手，急急从公案上退下，转入后堂去了。

陈子昂被送入了牢房。旧时代的牢房，低矮潮湿，四面只是墙壁，没有窗户，在屋顶上开个天窗。牢房中无床，囚犯在牢房中，只能从家中拿来点茅草之类的东西铺在地上，人就睡在上面，好一点儿的，可以拿来两块木板，垫在草上。更兼牢房之内遍设马桶，这马桶每天只能清洗一次，那个气味弥漫在空中，真真令人无法忍受。但人到此步，无法忍受亦得忍受，这叫无可奈何。

一进牢房，陈子昂就觉得此次恐怕凶多吉少了，虽然他早就料到情况会当如此，但踏入牢门，他还是不免有些心惊。陈子昂环视了一下牢房，只见八尺见方的屋子，空空的什么也没有，四周是砖墙，只有向里那面墙上有个木栅门，墙角放了一只马桶。陈子昂不觉长叹一声，颓然坐在地下。

且说那跟来的家人，见主人被押走，便赶紧奔回家中，将这一情况向夫人和小主人报告。夫人此时倒还镇静，忙命大儿子带领两个家人，拿了行李和草荐、木板，怀中揣上几贯钱，赶奔大牢给陈子昂送去。一面又赶快选派家人仆妇，要他们到县里在衙门旁边赁个住处，以便早晚伺候汤水。这倒是个大事。陈子昂虽说不是那锦衣玉食的人，但从小就未曾受过苦，家道丰裕，饮食还是较为讲究的，牢里的饭如何吃得？一切安排妥当，时已黄昏，赶奔县里送行李的家人，回来说大公子已赁好住处，家人仆妇也都有了安置，正在烧饭整备菜肴，并传陈子昂的话，说请夫人且莫惊惶，谨守家门等等。夫人听了，强忍悲痛，只好且在家中静候消息。

那陈子昂自从入狱以后，心中便打了一个死结。他不明白，自己这样的人，一心为天下国家着想，并无什么过错，何以会受如此大难呢？想那武三思，虽说奸恶，毕竟是圣主的侄儿，竟会不顾社稷的安危，这倒底是怎么回事呢？从此，这些事就日夜萦绕脑际心间，像被丝缚住的蚕蛹一样，陈子昂突不出这个层茧了。忧思伤神，此话一点也不假。不数日，陈子昂就萎顿得不成样子。

陈子昂住在牢里，段简并不死心，他还想多诈些银子，于是就几次把陈子昂提出来，给他明显的暗示，要他拿出钱来；同时，为了将来有个交待（囚死命官，是要向朝廷交待的，虽说陈子昂休致在家，但带官衔，取资俸，没交待是不行的），他还想索出所谓《后史记》的纲目。无如陈子昂就是不买他的账，虽说羸弱不堪，以至杖而不能起，非得人扶不可，却气度不变，既不交出所谓纲要，又不拿钱，每次都是闭目不语，这使段简气急败坏，但又无计可施。就这样，陈子昂在牢中挨过了数十日。

一天傍晚，家人像往常一样送来饭食，并把陈子昂交待带来的蓍（shī，音师）草给他拿来了。陈子昂拖着极其虚弱的身子，勉强吃了两口饭，便住了筷子。然后，他靠墙坐在木板上，用蓍草给自己布卦。蓍草布卦如何布，现在说不大清楚，但传说八卦的形成就与这种古老的占卜法有关系。陈子昂大概就是以蓍草来布八卦的卦形，然后根据卦形来判断吉凶。且说陈子昂困疾之中，以蓍草布卦占卜吉凶命运，他在木板上布来布去，按照一定的规则布成了一卦，他往卦上一看，不觉大吃一惊，将手中蓍草一扔，双手伸向空中，仰面而号恸道："天命不佑，吾其死矣!"号完，向后便倒。

这可急坏了家人，连忙将陈子昂的身子放平。只见他面如金纸，只有出的气，没有入的气，双眼圆瞪，定定地瞅着空中，好像空中有个什么东西。他正在愤激而惊惶地讯问似的，又好像他正向天上的什么神灵诉说着那难以发舒的怨愤似的。

就这样，一代杰出的人物，一个杰出的诗人，死在了射洪县的监牢中。诗国的天空从此失去了一颗耀眼的明星；人间失去了一位刚直的人物；大唐历史上留下了一段遗憾；人们心中多了一份感伤。

但陈子昂身死而名不灭，友人卢藏用集其诗文，并作《陈氏别传》流传于世；唐代宗大历年间，东川节度使、梓州刺史鲜于公为之建旌德之碑；开宝年间，刺史郭延谓又重加勒石。陈子昂的文集，唐以后多次被加以重刊，人们从他的为人和诗文中，得到了很多东西。陈子昂人虽不幸早死，但流风余韵，泽及后人多矣。他声名如日月，永不泯灭。他是一个正直的人，一个有才华的人，一个值得人们永远纪念的人，一个在文学领域扛起过大旗的先驱，他的声名永垂!